PROCESSO DO TRABALHO

Diretora Responsável
MARISA HARMS

Diretora de Operações de Conteúdo
JULIANA MAYUMI ONO

Editores: Cristiane Gonzalez Basile de Faria, Danielle Oliveira, Iviê A. M. Loureiro Gomes e Luciana Félix

Assistente Editorial: Karla Capelas

Produção Editorial
Coordenação
JULIANA DE CICCO BIANCO

Analistas Editoriais: Amanda Queiroz de Oliveira, Andréia Regina Schneider Nunes, Danielle Rondon Castro de Morais, Flávia Campos Marcelino Martines, George Silva Melo, Luara Coentro dos Santos e Rodrigo Domiciano de Oliveira

Técnica de Processos Editoriais: Maria Angélica Leite

Assistentes Documentais: Maurício Zednik Cassim, Roberta Alves Soares Malagodi e Samanta Fernandes Silva

Administrativo e Produção Gráfica
Coordenação
CAIO HENRIQUE ANDRADE

Analista Administrativo: Antonia Pereira

Assistente Administrativo: Francisca Lucélia Carvalho de Sena

Analista de Produção Gráfica: Rafael da Costa Brito

Capa: Chrisley Figueiredo

Dados Internacionais de Catalogação na Publicação (CIP)
(Câmara Brasileira do Livro, SP, Brasil)

Zainaghi, Domingos Sávio
Processo do trabalho / Domingos Sávio Zainaghi. – 2. ed. – São Paulo : Editora Revista dos Tribunais, 2013.

Bibliografia.
ISBN 978-85-203-3890-2

1. Direito processual do trabalho 2. Direito processual do trabalho - Brasil I. Título.

10-13516 CDU-347.9:331

Índices para catálogo sistemático: 1. Direito processual do trabalho 347.9:331

DOMINGOS SÁVIO ZAINAGHI

PROCESSO DO TRABALHO

2.ª edição revista, atualizada e ampliada

2.ª tiragem

THOMSON REUTERS
REVISTA DOS TRIBUNAIS™

Processo do Trabalho

Domingos Sávio Zainaghi

2.ª edição revista, atualizada e ampliada

1.ª edição: maio de 2009; *2.ª edição: 1.ª tiragem:* fevereiro de 2013.

2.ª tiragem

Editora Revista dos Tribunais Ltda.

Marisa Harms

Diretora Responsável

Rua do Bosque, 820 – Barra Funda
Tel. 11 3613-8400 – Fax 11 3613-8450
CEP 01136-000 – São Paulo, SP, Brasil

Central de Relacionamento RT
(atendimento, em dias úteis, das 8 às 17 horas)
Tel. 0800-702-2433

e-mail de atendimento ao consumidor

sac@rt.com.br

Visite o nosso *site*

www.rt.com.br

Impresso no Brasil
[08-2014]

Universitário [texto]

Fechamento da edição em
[07.02.2013]

ISBN 978-85-203-3890-2

APRESENTAÇÃO À 2.ª EDIÇÃO

Após se esgotar rapidamente a 1.ª edição deste trabalho, em razão de outros compromissos demoramos dois anos para apresentar esta nova edição.

Ampliamos esta edição, mas mantivemos o espírito que nos guiou na elaboração da primeira, ou seja, a simplicidade e a objetividade para que o iniciante no estudo do Direito Processual do Trabalho, alunos e advogados, tenha facilidade para entender rapidamente essa área especializada do Direito.

Agradecemos a todos os que se valeram da 1.ª edição, sobretudo aos alunos e professores que adquiriram e adotaram esta nossa humilde contribuição aos profissionais do Direito do Trabalho.

São Paulo, verão de 2013.

Domingos Sávio Zainaghi
www.zainaghi.com.br

APRESENTAÇÃO À 1.ª EDIÇÃO

Com satisfação apresentamos este trabalho à comunidade juslaboralista.

Fruto de mais de duas décadas de exercício do magistério do Direito do Trabalho e de intensa atividade como advogado trabalhista, procuramos escrever um trabalho simples e de fácil e rápido entendimento por alunos e por aqueles que se iniciam nos difíceis meandros da advocacia trabalhista.

Para os alunos dos cursos de graduação, é obra em que se encontra o básico para o entendimento desse ramo da ciência jurídica.

Para os profissionais, trata-se de material para consulta e rápida compreensão de institutos que já foram estudados nos bancos acadêmicos, mas que, por algum motivo, faz-se necessário buscar reciclar os conhecimentos.

Buscamos utilizar linguagem simples e objetiva, evitando citações desnecessárias, com o que se objetiva a rápida compreensão do Direito Processual do Trabalho.

No final, o leitor encontrará modelos das peças processuais mais usadas nos processos trabalhistas.

Agradecemos à Editora Revista dos Tribunais pela oportunidade de apresentarmos ao público este trabalho.

Nosso intuito foi o de munir o estudante e o profissional de uma obra que lhes seja útil, pois alegra-nos o servir.

Domingos Sávio Zainaghi
www.zainaghi.com.br

SUMÁRIO

1
SOLUÇÃO DOS CONFLITOS TRABALHISTAS

1.1 Breve história do trabalho humano

A primeira forma de trabalho que a humanidade conheceu foi a escravidão. Nesta, o trabalhador não era tido como ser humano, mas sim "coisa"; podia ser vendido, morto, trocado. Após a escravidão veio a servidão, em que o prestador de serviços já era reconhecido como pessoa, ficando, todavia, preso às terras do senhor feudal. Uma terceira forma de trabalho foram as corporações de ofício. Estas eram compostas pelos mestres, que detinham o conhecimento de um determinado ofício; pelos companheiros, que eram auxiliares dos mestres; e pelos aprendizes, jovens que ingressavam nas corporações com intuito de aprender o ofício.

Com a Revolução Industrial (século XVIII), as condições de trabalho sofrem alterações, uma vez o uso da máquina. Neste período, ocorre uma elevação do desemprego, até então nunca vista no mundo. Aqui é que surgem os primeiros conflitos trabalhistas. Surge a greve, única forma encontrada pelos trabalhadores para pressionar os empregadores a cederem em seus posicionamentos.

Por influência da Revolução Francesa (1789), o Estado se mantinha distante das contendas que envolviam empregados e empregadores.

Em virtude da confusão social que se instalava, o Estado passa a intervir nos conflitos. Primeiro, determinando que as partes se compusessem (conciliação obrigatória); num segundo momento, o Estado passa a mediar os conflitos, valendo-se de um mediador; sendo que, por último, aparece a figura de um árbitro também indicado pelo Estado.

Na França surgiram ainda, na Idade Média, os *conseils de prud'hommes* (conselhos dos homens prudentes, sábios, íntegros), que datam do ano de 1426, sendo extintos em 1776, ressurgindo em 1806. Eram constituídos de empregadores, tendo atribuições para solucionar, definitivamente, as questões trabalhistas até certo valor. Este conselho existe até hoje naquele país, com variações de denominações, mas com a mesma finalidade, ou seja, de tentar conciliar as partes.

Na Itália, em 1800, surgiu um conselho semelhante ao francês. Tratava-se do Conselho de *Probiviri*, composto de forma tripartite (governo, empregados e empregadores).

Em 1919, na Inglaterra, foi criado o tribunal industrial, que era um órgão composto por representantes dos empregadores e dos trabalhadores e por juízes.

A Espanha conheceu três sistemas: os tribunais industriais, os comitês paritários e os jurados mistos. Estes três sistemas tinham composição mista, ou seja, eram compostos por juízes e representantes de empregadores e trabalhadores.

No México, em 1914, foram criadas as Juntas Municipais, que tinha a função de solucionar os conflitos entre patrões e trabalhadores. Também eram órgãos arbitrários, cujas decisões eram definitivas, ou seja, não comportavam recurso.

O desenvolvimento dos órgãos de solução de litígios trabalhistas na Alemanha seguiu este caminho. Primeiro surgiram os tribunais industriais. Já no período do III Reich, foram criados os Tribunais do Trabalho, divididos em Tribunais de Primeira Instância, Tribunais de Apelação e Tribunais do Reich.

Na vizinha Argentina, o primeiro órgão da justiça do trabalho surgiu em 1944, na Capital Federal. Em 1947 foram criados os Tribunais do Trabalho na província de Buenos Aires.

1.2 Formas de solução dos conflitos trabalhistas

Conflito significa combate, luta. Este surge quando há antagonismo nos interesses das partes.

Dois são os tipos de conflitos trabalhistas: o individual e o coletivo.

Nos dissídios individuais, discutem-se interesses concretos de partes determinadas, isto é, um empregado contra um empregador, ou mais de um deles de cada lado.

Já nos dissídios coletivos são discutidas questões abstratas, inerentes a toda uma categoria. Melhor esclarecendo, um dissídio coletivo trata de direitos que se incorporarão aos contratos individuais de trabalho. Exemplificando: um dissídio solucionando um conflito coletivo determina que as horas extras, se praticadas, serão remuneradas com 100% sobre a hora normal. Veja-se que não há um determinado empregado pedindo o pagamento da jornada suplementar, mas um direito que só se concretizará quando algum trabalhador laborar em sobrejornada.

A doutrina divide a solução dos conflitos em autodefesa, autocomposição e heterocomposição.

Na autodefesa as partes defendem seus interesses. Exemplo típico é a greve.

Na autocomposição a solução se dá pelas próprias partes, sem a intervenção de terceiros. Pode ser unilateral ou bilateral. Na primeira, temos a desistência ou a renúncia; a bilateral ocorre pela transação.

A heterocomposição exige a intervenção de terceiros. São exemplos a mediação, a conciliação, a arbitragem e a solução por intervenção do Poder Judiciário.

Na mediação o mediador não faz uma proposta de acordo, mas ajuda as partes para que cheguem a uma composição.

A conciliação difere da mediação, pois o conciliador apresenta propostas para pôr fim ao litígio.

Já na arbitragem, um árbitro é escolhido de comum acordo pelas partes, que assumem o compromisso, se não chegarem à conciliação, de acatarem a decisão do árbitro.

A bem da verdade, são várias as formas que a doutrina apresenta de solução de conflitos, mas nos parece que a acima apresentada é a melhor, pois condensa todas as outras.

1.3 O desenvolvimento do direito processual e da Justiça do Trabalho no Brasil

A história nos mostra que no Brasil tivemos primeiramente a Lei 1.299-A, do ano de 1911, que criou um órgão denominado de Patronato Agrícola, que tinha a finalidade de assistir o trabalhador rural na cobrança de salários e principalmente contra o aliciamento de trabalhadores.

A Lei 1.869, de 1922, criou os Tribunais Rurais no Estado de São Paulo, que deveriam ser implantados em cada comarca do Estado, e tinham competência para conhecer e julgar as questões decorrentes da interpretação e execução de contratos de locação de serviços rurais.

Em 1923 foi criado o Conselho Nacional de Justiça, vinculado ao Ministério da Agricultura, que tinha as seguintes finalidades: órgão consultivo do Ministério da Agricultura em matéria trabalhista; órgão julgador dos recursos em matéria previdenciária; e órgão homologador das dispensas dos funcionários públicos.

Somente em 1932 é que surgiram Comissões Mistas de Conciliação, tanto para a solução dos conflitos coletivos quanto para os individuais. Para estes últimos surgem, nesse mesmo ano, as Juntas de Conciliação e Julgamento. Interessante que a lei determinava que somente os empregados sindicalizados poderiam ingressar com reclamação.

As Juntas eram órgãos administrativos, mas suas decisões poderiam ser executadas pela via judicial.

Vejamos alguns trechos desse diploma legal:

"Art. 1.º Nos municipios ou localidades onde existirem syndicatos ou associações profissionaes de empregadores ou empregados, organizados de accordo com a legislação vigente, o Ministerio do Trabalho, Industria e Commercio instituirá Commissões Mixtas de Conciliação, ás quaes incumbirá dirimir os dissidios entre empregadores e empregados.

"Paragrapho unico. Para os municipios ou localidades onde não existirem associações profissionaes de empregadores ou empregados, organizadas de accordo com a legislação vigente, poderá o Ministro do Trabalho, Industria e Commercio, ou a autoridade que o represente, organizar tambem Commissões Mixtas de Conciliação, observando-se o criterio e formalidades previstos nos arts. 2.º e 3.º.

"Art. 2.º A Commissão Mixta de Conciliação terá o mandato de um anno e será constituida por dois, quatro ou seis vogaes, com igual numero de supplentes, dos quaes a metade representará os empregadores e a outra metade os empregados.

"§ 1.º Os trabalhos da Commissão serão dirigidos por um presidente, que terá um supplente, para substituil-o em caso de impedimento, ambos nomeados, sem tempo determinado, pelo Ministro do Trabalho, Industria e Commercio ou por autoridade que o represente, devendo a escolha recahir em pessoas extranhas aos interesses profissionaes dos empregadores e empregados, de preferencia, membros da Ordem dos Advogados do Brasil, magistrados ou funccionarios federaes, estaduaes ou municipaes.

"§ 2.º Os representantes dos empregadores e dos empregados, e seus supplentes, serão tirados, por sorteio, de duas listas de nomes, apresentada cada uma pela respectiva classe e contendo numero duplo de candidatos.

"§ 3.º Quando uma das partes não indicar candidatos á Commissão ou indical-os em numero insufficiente, caberá ao Ministro do Trabalho, Industria e Commercio, ou á autoridade que o represente, organizar ou completar a lista, para o sorteio, com elementos escolhidos entre empregadores e empregados.

"§ 4.º O sorteio será publico e realizado em dia, hora e logar designados por autoridade competente do Ministerio do Trabalho, Industria e Commercio, a qual o presidirá.

"§ 5.º Si o sorteio fôr, por vicio insanavel, impugnado por qualquer dos candidatos, procederá a mesma autoridade a novo sorteio, observadas as formalidades do § 4.º.

"Art. 3.º Os componentes das Commissões de Conciliação só poderão ser brasileiros natos ou naturalizados, de reputada conducta, maiores de 21 annos, em pleno gozo de seus direitos civis, sabendo ler e escrever, e em effectivo exercicio da profissão por mais de dois annos."

Por meio de uma lei de 1941, foi à Justiça do Trabalho conferido o *status* de órgão com função jurisdicional, muito embora não fizesse parte do Poder Judiciário, o que só veio a ocorrer em 1946, com a Constituição Federal promulgada nesse ano e com o advento do Dec.-lei. 9.777/1946, que organizou a Justiça do Trabalho como órgão do Poder Judiciário.

A Justiça do Trabalho, desde o período administrativo, teve composição paritária, ou seja, era composta em número igual de representantes de empregados e de empregadores, além do juiz togado.

A partir de 1946, a Justiça do Trabalho tem como seus órgãos as Juntas de Conciliação e Julgamento (1.ª instância), os Tribunais Regionais do Trabalho (2.ª instância) e o Tribunal Superior do Trabalho.

Hoje, com a EC 24/1999, a Justiça do Trabalho é composta de Juízos do Trabalho (1.ª instância), os Tribunais Regionais do Trabalho e o Tribunal Superior do Trabalho.

Denominam-se seus membros de juízes do trabalho (1.ª instância), desembargadores federais do trabalho (TRTs) e ministros (TST).

Pela mesma Emenda, a Justiça do Trabalho deixou de ser paritária, ou seja, foi extinta a representação classista, havendo apenas os juízes togados.

2
PRINCÍPIOS E PECULIARIDADES DO DIREITO PROCESSUAL DO TRABALHO

Os princípios são nortes a serem seguidos e que fundamentam o agir de pessoas ou grupos. A doutrina denomina os princípios como verdades fundantes de um sistema de conhecimento (Miguel Reale).

Tem o direito processual do trabalho princípios próprios. Todavia, não há unanimidade na doutrina quanto à classificação dos mesmos. Alguns são os princípios do processo comum, os quais, pela importância, são também do processo trabalhista. São princípios comuns ao processo comum e ao do trabalho:

1. tecnicismo: as regras a serem utilizadas no processo devem ser precisas;

2. economia processual: devem ser evitadas despesas inúteis no processo;

3. celeridade: o processo deve buscar a solução rápida do litígio;

4. isonomia: as partes devem ser tratadas igualmente pelo órgão julgador e pela lei;

5. dever de obediência do devido processo legal: não se pode exigir das partes, nem pode ser determinado pelo juiz, o que não tiver previsão legal;

6. lealdade processual: as partes devem atuar de forma honesta em juízo;

7. eventualidade: todas as alegações das partes devem ser expostas na inicial e na contestação, inclusive as provas documentais.

Não obstante a divergência doutrinária reinante, seduz-nos a divisão dos princípios do direito processual trabalhista proposta por Wagner Giglio.

Divide este autor os princípios em protecionista, da jurisdição normativa, da despersonalização do empregador e da simplificação.

O princípio protecionista visa, como no direito material do trabalho, a proteger o mais fraco, ou seja, o empregado. Este recebe uma superioridade jurídica para compensar sua inferioridade econômica e social, esta flagrante e costumeiramente do lado do empregador. Externa-se este princípio através da gratuidade do processo, pois o trabalhador não tem de pagar custas para ingressar com a ação e, se perder a causa e não tiver condições para arcar com as mesmas, basta uma simples declaração nesse sentido que será isentado do pagamento; a inversão do ônus da prova; a assistência judiciária gratuita (que não é permitida ao empregador) etc.

Os mais formalistas contestam esta proteção, pois afirmam que ela fere a própria ideia de justiça quando opta por proteger uma das partes. A estes Wagner Giglio assim responde: "Não lhes assiste razão, pois justo é tratar desigualmente os desiguais, na mesma proporção em que se desigualam, e o favorecimento é qualidade da lei e não defeito do juiz, que deve aplicá-la com objetividade, sem permitir que suas tendências pessoais influenciem seu comportamento. Em suma: o trabalhador é protegido pela lei, e não pelo juiz".

O princípio da jurisdição normativa só existe no direito processual do trabalho. Trata-se de uma delegação do Poder Legislativo ao Judiciário. Ele cria ou modifica, pela via processual, normas jurídicas, materializadas estas na sentença normativa, que tem corpo de sentença, mas alma de lei. Ela vigora até que outra venha substituí-la.

O princípio da despersonalização do empregador garante ao empregado, caso haja alterações na estrutura da empresa ou em sua propriedade, que os bens dos sócios respondam pelos créditos trabalhistas.

O princípio da simplificação procedimental é assegurado através do *jus postulandi* às partes; pela comunicação postal dos atos do processo; pela penhora e avaliação de bens procedidas pelo oficial de justiça; pela apresentação de contestação em audiência; por poderem as testemunhas comparecer independentemente de intimação etc.

Já as peculiaridades (ou métodos) não se confundem com princípios. Estes são gerais, enquanto aquelas são restritas; os princípios podem gerar normas, enquanto isso não ocorre com as peculiaridades;

os princípios são relativos ao processo e as peculiaridades ao procedimento.

Podemos enumerar algumas peculiaridades do processo trabalhista:

1. oralidade: há uma prevalência da palavra oral sobre a escrita. A própria reclamação pode ser feita verbalmente pela parte (art. 840 da CLT); a contestação pode ser feita em audiência, da mesma forma, no prazo de 20 minutos (art. 847 da CLT), e as razões finais podem ser apresentadas pelo mesmo procedimento em 10 minutos (art. 850 da CLT);

2. concentração: por esta peculiaridade há uma proximidade dos atos processuais com vistas a uma maior celeridade. A CLT prevê que, na audiência, as partes devem levar suas testemunhas (art. 825); a contestação, como já afirmado, é apresentada também na audiência; e o julgamento deve se dar na mesma sessão.

3. não suspensividade dos recursos: como regra, os recursos têm efeito meramente devolutivo (art. 899 da CLT);

4. conciliação: esta tem grande valor no processo trabalhista, sendo inclusive obrigatória em dois momentos: antes da contestação (art. 846 da CLT) e após as razões finais (art. 850 da CLT). Se estas duas tentativas não ocorrerem, o processo é passível de nulidade.

3
FONTES DO DIREITO PROCESSUAL DO TRABALHO

SUMÁRIO: 3.1 Constituição Federal – 3.2 Lei – 3.3 Jurisprudência – 3.4 Costume – 3.5 Regimentos internos dos tribunais.

Fonte quer dizer ou identificar o nascedouro, a origem, o início. Em direito, fonte é de onde se origina a norma.

As fontes podem ser materiais e formais. As primeiras são os movimentos sociais ou as necessidades externas ao direito que fazem surgir a norma; já as segundas são as chamadas fontes jurídicas.

A divisão das fontes do direito não tem unanimidade na doutrina.

Entendemos como fontes do direito processual do trabalho a Constituição Federal, a lei, a jurisprudência, os costumes e os regimentos internos dos tribunais.

Vejamos cada uma das fontes acima.

3.1 Constituição Federal

Nesta encontramos a competência da Justiça do Trabalho (art. 114), sua organização e composição (arts. 111 e ss.).

3.2 Lei

A principal norma que trata de matéria trabalhista é a Consolidação das Leis do Trabalho (Dec.-lei 5.452, de 1.º.05.1943). Nela encontramos normas de direito material e processual. A CLT, ainda, trata da organização e composição da Justiça do Trabalho, do Ministério Público e do processo do trabalho. São ainda fontes do direito processual do trabalho o Código de Processo Civil, a Lei 5.584/1970, a Lei 7.701/1988 e a Lei 6.830/1980, também conhecida como Lei das Execuções Fiscais, que tem aplicação na fase de execução.

3.3 Jurisprudência

A jurisprudência é o conjunto das decisões dos tribunais acerca de determinada matéria.

No campo do direito processual do trabalho, ganham grande destaque as súmulas, tanto as do Tribunal Superior do Trabalho quanto aquelas editadas pelos Tribunais Regionais do Trabalho. Cumpre destacar, ainda, as Orientações Jurisprudenciais do TST.

Não há unanimidade na doutrina. Nossa opção por reconhecer a jurisprudência como fonte prende-se ao fato de que muitos procedimentos são adotados nos processos trabalhistas com base nela, mais precisamente nas súmulas do Tribunal Superior do Trabalho. Para exemplificar, citamos as de n. 1, 8, 16, 25, 62, 197, 357:

"1. Prazo judicial

Quando a intimação tiver lugar na sexta-feira, ou a publicação com efeito de intimação for feita nesse dia, o prazo judicial será contado da segunda-feira imediata, inclusive, salvo se não houver expediente, caso em que fluirá no dia útil que se seguir". (Mantida – Res. 121/2003, *DJ* 19, 20 e 21.11.2003.)

"16. Notificação

Presume-se recebida a notificação 48 (quarenta e oito) horas depois de sua postagem. O seu não recebimento ou a entrega após o decurso desse prazo constitui ônus de prova do destinatário". (Nova redação – Res. 121/2003, *DJ* 19, 20 e 21.11.2003.)

"25. Custas

A parte vencedora na primeira instância, se vencida na segunda, está obrigada, independentemente de intimação, a pagar as custas fixadas na sentença originária, das quais ficara isenta a parte então vencida". (Mantida – Res. 121/2003, *DJ* 19, 20 e 21.11.2003.)

"62. Abandono de emprego

O prazo de decadência do direito do empregador de ajuizar inquérito em face do empregado que incorre em abandono de emprego é contado a partir do momento em que o empregado pretendeu seu retorno ao serviço". (Mantida – Res. 121/2003, *DJ* 19, 20 e 21.11.2003.)

"197. Prazo

O prazo para recurso da parte que, intimada, não comparecer à audiência em prosseguimento para a prolação da sentença conta-se de sua publicação". (Mantida – Res. 121/2003, *DJ* 19, 20 e 21.11.2003.)

"357. Testemunha. Ação contra a mesma reclamada. Suspeição

Não torna suspeita a testemunha o simples fato de estar litigando ou de ter litigado contra o mesmo empregador". (Mantida – Res. 121/2003, *DJ* 19, 20 e 21.11.2003.)

3.4 Costume

Apesar de o sistema jurídico brasileiro não estar baseado no costume (não ser consuetudinário), certo é que ele ganha destaque no processo do trabalho.

O costume é expressamente previsto no art. 8.º da CLT. É ele fonte do direito processual do trabalho, já que nasce com ele uma forma de conduta. O maior exemplo é o do protesto, que age no processo trabalhista como o agravo retido no revel.

É comum nas audiências trabalhistas o juiz indeferir um requerimento do advogado, por exemplo, para ouvir uma testemunha. Quanto a tal indeferimento, o patrono requer o registro de seu protesto na ata da sessão.

O entendimento corrente é de que, se não houver o protesto, estará preclusa a discussão da matéria em recurso ordinário. Frise-se que não há a previsão da figura do protesto em nenhum artigo de lei.

3.5 Regimentos internos dos tribunais

Estes trazem normas e procedimentos a serem adotados nos tribunais – por exemplo, os regimentos dos Tribunais Regionais e o do Tribunal Superior do Trabalho regulam as reclamações correcionais, as sustentações orais nas sessões de julgamentos, os agravos regimentais etc.

4
ORGANIZAÇÃO DA JUSTIÇA DO TRABALHO

A Justiça do Trabalho no Brasil adotou, em sua organização, o modelo italiano da década de 1930. Este era integrado por juízes classistas (representantes de empregados e empregadores) e por juízes togados (representantes do Estado).

A Justiça do Trabalho é uma justiça especializada. É um órgão do Poder Judiciário Federal.

Como justiça especializada que é, tem ela algumas peculiaridades.

Vejamos:

a) limita-se a tratar de matéria trabalhista, com ou sem relação de emprego;

b) não existem entrâncias como na justiça comum estadual.

4.1 Varas do Trabalho

As Varas do Trabalho são os órgãos de primeiro grau ou instância da Justiça do Trabalho.

Segundo o art. 116 da CF, nas Varas do Trabalho a jurisdição será exercida por juiz singular.

De acordo com o art. 649 da CLT, "as Juntas poderão conciliar, instruir ou julgar com qualquer número, sendo, porém, indispensável a presença do presidente, ou cujo voto prevalecerá em caso de empate" (após a EC 24/1999, as Juntas de Conciliação e Julgamento, compostas por um juiz de direito e dois juízes classistas, foram substituídas pelas Varas do Trabalho, com apenas um juiz togado, extinguindo-se a representação classista na Justiça do Trabalho).

Vejamos as prerrogativas do juiz:

"Art. 659. Competem privativamente aos presidentes das Juntas, além das que lhes forem conferidas neste Título e das decorrentes de seu cargo, as seguintes atribuições:

I – presidir as audiências das Juntas;

II – executar as suas próprias decisões, as proferidas pela Junta e aquelas cuja execução lhes for deprecada;

III – dar posse aos vogais nomeados para a Junta, ao chefe de Secretaria e aos demais funcionários da Secretaria;

IV – convocar os suplentes dos vogais, no impedimento destes;

V – representar ao presidente do Tribunal Regional da respectiva jurisdição, no caso de falta de qualquer vogal a 3 (três) reuniões consecutivas, sem motivo justificado, para os fins do art. 727;

VI – despachar os recursos interpostos pelas partes, fundamentando a decisão recorrida antes da remessa ao Tribunal Regional, ou submetendo-os à decisão da Junta, no caso do art. 894;

VII – assinar as folhas de pagamentos dos membros e funcionários da Junta;

VIII – apresentar ao presidente do Tribunal Regional, até 15 de fevereiro de cada ano, o relatório dos trabalhos do ano anterior;

IX – conceder medida liminar, até decisão final do processo, em reclamações trabalhistas que visem a tornar sem efeito transferência disciplinada pelos parágrafos do art. 469 desta Consolidação;

X – conceder medida liminar, até decisão final do processo, em reclamações trabalhistas que visem reintegrar no emprego dirigente sindical afastado, suspenso ou dispensado pelo empregado" (texto anterior à Emenda Constitucional 24/1999).

Os juízes do trabalho ingressam na magistratura do trabalho através de concurso público de provas e títulos.

São deveres dos juízes manter perfeita conduta pública e privada; abster-se de atender a solicitações ou recomendações relativamente aos processos que hajam sido ou que possam ser submetidos a sua apreciação; residir dentro dos limites de sua jurisdição; e despachar dentro dos prazos estabelecidos na lei.

Gozam os juízes de vitaliciedade, de inamovibilidade e de irredutibilidade de vencimentos.

A vitaliciedade é adquirida pelo juiz, em primeiro grau, após dois anos de exercício do cargo, só podendo perdê-lo por motivo de extrema gravidade, previamente apurado em processo judicial ou em procedimento administrativo.

A inamovibilidade quer dizer que o juiz não poderá ser transferido por vontade alheia – como regra, o magistrado só poderá ser transferido, ou até mesmo promovido, se ele assim o desejar.

A irredutibilidade de vencimentos assegura ao juiz a não redução de seus proventos, pois, do contrário, ele sofreria uma pressão indireta para deixar o cargo, abandonando a carreira.

A irredutibilidade de vencimentos não impede que o juiz, como qualquer outro cidadão, tenha de pagar impostos, que podem ser retidos pelo Estado, na qualidade de tomador de serviços (por exemplo, imposto de renda).

4.2 Tribunais Regionais do Trabalho

Hoje estão instalados 24 Tribunais Regionais do Trabalho, como prevê a CLT:

"Art. 674. Para efeito da jurisdição dos Tribunais Regionais, o território nacional é dividido nas 24 (vinte e quatro) Regiões seguintes:

1.ª Região: Estado do Rio de Janeiro;

2.ª Região: Estado de São Paulo;

3.ª Região: Estado de Minas Gerais;

4.ª Região: Estado do Rio Grande do Sul;

5.ª Região: Estado da Bahia;

6.ª Região: Estado de Pernambuco;

7.ª Região: Estado do Ceará;

8.ª Região: Estados do Pará e do Amapá;

9.ª Região: Estado do Paraná;

10.ª Região: Distrito Federal e Tocantins;

11.ª Região: Estados do Amazonas e de Roraima;

12.ª Região: Estado de Santa Catarina;

13.ª Região: Estado da Paraíba;

14.ª Região: Estados de Rondônia e Acre;

15.ª Região: Estado de São Paulo (área não abrangida pela jurisdição estabelecida na 2.ª Região);

16.ª Região: Estado do Maranhão;

17.ª Região: Estado do Espírito Santo;

18.ª Região: Estado de Goiás;

19.ª Região: Estado de Alagoas;

20.ª Região: Estado de Sergipe;

21.ª Região: Estado do Rio Grande do Norte;

22.ª Região: Estado do Piauí;

23.ª Região: Estado do Mato Grosso;

24.ª Região: Estado do Mato Grosso do Sul.

"Parágrafo único. Os Tribunais têm sede nas cidades: Rio de Janeiro (1.ª Região), São Paulo (2.ª Região), Belo Horizonte (3.ª Região), Porto Alegre (4.ª Região), Salvador (5.ª Região), Recife (6.ª Região), Fortaleza (7.ª Região), Belém (8.ª Região), Curitiba (9.ª Região), Brasília (10.ª Região), Manaus (11.ª Região), Florianópolis (12.ª Região), João Pessoa (13.ª Região), Porto Velho (14.ª Região), Campinas (15.ª Região), São Luís (16.ª Região), Vitória (17.ª Região), Goiânia (18.ª Região), Maceió (19.ª Região), Aracaju (20.ª Região), Natal (21.ª Região), Teresina (22.ª Região), Cuiabá (23.ª Região) e Campo Grande (24.ª Região)."

Como se vê, o Estado de São Paulo tem dois tribunais: o da 2.ª Região e o da 15.ª. O primeiro abrange as áreas compreendidas pela Capital, Grande São Paulo e Baixada Santista. O segundo, cuja sede é em Campinas, abarca todo o interior e o litoral norte.

Dentre os juízes do trabalho, existem os magistrados de carreira, isto é, aqueles que ingressam na instituição por meio de concurso público, e os advogados e membros do Ministério Público. Estes dois compõem o tribunal em virtude do mandamento constitucional que determina que um quinto da composição dos tribunais seja de advogados e membros do Ministério Público. Os tribunais maiores poderão ser divididos em turmas. Os tribunais regionais, quando de sua composição plena, só poderão deliberar com a presença do presidente e a metade mais um dos juízes.

4.3 Tribunal Superior do Trabalho

Segundo a Constituição Federal (art. 111-A), o Tribunal Superior do Trabalho é composto de 27 juízes, os quais recebem a denominação de Ministros, termo este utilizado para todos os magistrados dos tribunais superiores.

Os ministros são nomeados pelo Presidente da Republica, depois de aprovada a escolha pelo Senado Federal, entre os brasileiros com mais de 35 anos e menos de 65 anos de idade, Aqui, como ocorre nos tribunais regionais, há a aplicação do "quinto constitucional".

O TST é divido em Seções, Turmas e Pleno.

O Pleno é constituído pelos ministros da Corte, não participando das sessões solenes e das sessões ordinárias ou extraordinárias os juízes convocados.

O Regimento Interno do TST assim afirma:

"Art. 68. Compete ao Tribunal Pleno:

I – eleger, por escrutínio secreto, o Presidente e o Vice-Presidente do Tribunal Superior do Trabalho, o Corregedor-Geral da Justiça do Trabalho, os sete Ministros para integrar o Órgão Especial, o Diretor, o Vice-Diretor e os membros do Conselho Consultivo da Escola Nacional de Formação e Aperfeiçoamento de Magistrados do Trabalho – Enamat, os Ministros membros do Conselho Superior da Justiça do Trabalho – CSJT e respectivos suplentes e os membros do Conselho Nacional de Justiça;

II – dar posse aos membros eleitos para os cargos de direção do Tribunal Superior do Trabalho, aos Ministros nomeados para o Tribunal, aos membros da direção e do Conselho Consultivo da Escola Nacional de Formação e Aperfeiçoamento de Magistrados do Trabalho – Enamat;

III – escolher os integrantes das listas para preenchimento das vagas de Ministro do Tribunal;

IV – deliberar sobre prorrogação do prazo para a posse no cargo de Ministro do Tribunal Superior do Trabalho e o início do exercício;

V – determinar a disponibilidade ou a aposentadoria de Ministro do Tribunal;

VI – opinar sobre propostas de alterações da legislação trabalhista, inclusive processual, quando entender que deve manifestar-se oficialmente;

VII – aprovar, modificar ou revogar, em caráter de urgência e com preferência na pauta, Súmula da Jurisprudência predominante em Dissídios Individuais e os Precedentes Normativos da Seção Especializada em Dissídios Coletivos;

VIII – julgar os Incidentes de Uniformização de Jurisprudência;

IX – decidir sobre a declaração de inconstitucionalidade de lei ou ato normativo do Poder Público, quando aprovada a argüição pelas Seções Especializadas ou Turmas;

X – aprovar e emendar o Regimento Interno do Tribunal Superior do Trabalho;

XI – aprovar o cancelamento e a revisão de orientação jurisprudencial."

O Órgão Especial tem esta formação:

"Art. 63. Integram o Órgão Especial o Presidente e o Vice-Presidente do Tribunal, o Corregedor-Geral da Justiça do Trabalho, os sete Ministros mais antigos, incluindo os membros da direção, e sete Ministros eleitos pelo Tribunal Pleno. Os Ministros integrantes do Órgão Especial comporão também outras Seções do Tribunal.

Parágrafo único. O *quorum* para funcionamento do Órgão Especial é de oito Ministros, sendo necessário maioria absoluta quando a deliberação tratar de disponibilidade ou aposentadoria de Magistrado."

"Art. 69. Compete ao Órgão Especial:

I – em matéria judiciária:

a) (Revogado pelo Ato Regimental 2/2011.)

b) julgar mandado de segurança impetrado contra atos do Presidente ou de qualquer Ministro do Tribunal, ressalvada a competência das Seções Especializadas;

c) julgar os recursos interpostos contra decisões dos Tribunais Regionais do Trabalho em mandado de segurança de interesse de Juízes e servidores da Justiça do Trabalho;

d) julgar os recursos interpostos contra decisão em matéria de concurso para a Magistratura do Trabalho;

e) julgar os recursos ordinários em agravos regimentais interpostos contra decisões proferidas em reclamações correicionais ou em pedidos de providências que envolvam impugnações de cálculos de precatórios;

f) julgar os recursos ordinários interpostos contra decisões proferidas em mandado de segurança impetrado contra ato do Presidente de Tribunal Regional em sede de precatório;

g) julgar os agravos regimentais interpostos contra decisões proferidas pelo Corregedor-Geral da Justiça do Trabalho;

g.1) julgar os agravos internos interpostos contra decisões que denegam seguimento a recurso extraordinário por ausência de repercussão geral da questão constitucional debatida; e

h) deliberar sobre as demais matérias jurisdicionais não incluídas na competência dos outros Órgãos do Tribunal;

II – em matéria administrativa:

a) proceder à abertura e ao encerramento do semestre judiciário;

b) eleger os membros do Conselho da Ordem do Mérito Judiciário do Trabalho e os das Comissões previstas neste Regimento, com observância, neste último caso, do disposto nos §§ 1.º e 3.º de seu art. 47;

c) aprovar e emendar o Regulamento Geral da Secretaria do Tribunal Superior do Trabalho, o Regimento da Corregedoria-Geral da Justiça do Trabalho, o Regulamento da Ordem do Mérito Judiciário do Trabalho, os Estatutos da Escola Nacional de Formação e Aperfeiçoamento de Magistrados do Trabalho – ENAMAT e o Regimento Interno do Conselho Superior da Justiça do Trabalho – CSJT;

d) propor ao Poder Legislativo, após a deliberação do Conselho Superior da Justiça do Trabalho, a criação, extinção ou modificação de Tribunais Regionais do Trabalho e Varas do Trabalho, assim como a alteração de jurisdição e de sede destes;

e) propor ao Poder Legislativo a criação, extinção e transformação de cargos e funções públicas e a fixação dos respectivos vencimentos ou gratificações;

f) escolher, mediante escrutínio secreto e pelo voto da maioria absoluta dos seus membros, Juízes de Tribunal Regional do Trabalho para substituir temporariamente Ministro do Tribunal Superior do Trabalho;

g) aprovar a lista dos admitidos na Ordem do Mérito Judiciário do Trabalho;

h) aprovar a lotação das funções comissionadas do Quadro de Pessoal do Tribunal;

i) conceder licença, férias e outros afastamentos aos membros do Tribunal;

j) fixar e rever as diárias e as ajudas de custo do Presidente, dos Ministros e servidores do Tribunal;

l) designar as comissões temporárias para exame e elaboração de estudo sobre matéria relevante, respeitada a competência das comissões permanentes;

m) aprovar as instruções de concurso para provimento dos cargos de Juiz do Trabalho Substituto;

n) aprovar as instruções dos concursos para provimento dos cargos do Quadro de Pessoal do Tribunal e homologar seu resultado final;

o) nomear, promover e demitir servidores do Quadro de Pessoal do Tribunal;

p) julgar os recursos de decisões ou atos do Presidente do Tribunal em matéria administrativa;

q) julgar os recursos interpostos contra decisões dos Tribunais Regionais do Trabalho em processo administrativo disciplinar envolvendo magistrado, estritamente para controle da legalidade;

r) examinar as matérias encaminhadas pelo Conselho Superior da Justiça do Trabalho;

s) aprovar a proposta orçamentária da Justiça do Trabalho;

t) julgar os recursos ordinários interpostos contra agravos regimentais em que tenha sido apreciada decisão de Presidente de Tribunal Regional em precatório."

"Art. 70. À Seção Especializada em Dissídios Coletivos compete:

I – originariamente:

a) julgar os dissídios coletivos de natureza econômica e jurídica, de sua competência, ou rever suas próprias sentenças normativas, nos casos previstos em lei;

b) homologar as conciliações firmadas nos dissídios coletivos;

c) julgar as ações anulatórias de acordos e convenções coletivas;

d) julgar as ações rescisórias propostas contra suas sentenças normativas;

e) julgar os agravos regimentais contra despachos ou decisões não definitivas, proferidos pelo Presidente do Tribunal, ou por qualquer dos Ministros integrantes da Seção Especializada em Dissídios Coletivos;

f) julgar os conflitos de competência entre Tribunais Regionais do Trabalho em processos de dissídio coletivo;

g) processar e julgar as medidas cautelares incidentais nos processos de dissídio coletivo; e

h) processar e julgar as ações em matéria de greve, quando o conflito exceder a jurisdição de Tribunal Regional do Trabalho;

II – em última instância, julgar:

a) os recursos ordinários interpostos contra as decisões proferidas pelos Tribunais Regionais do Trabalho em dissídios coletivos de natureza econômica ou jurídica;

b) os recursos ordinários interpostos contra decisões proferidas pelos Tribunais Regionais do Trabalho em ações rescisórias e mandados de segurança pertinentes a dissídios coletivos e em ações anulatórias de acordos e convenções coletivas;

c) os embargos infringentes interpostos contra decisão não unânime proferida em processo de dissídio coletivo de sua competência originária, salvo se a decisão embargada estiver em consonância com precedente normativo do Tribunal Superior do Trabalho, ou com Súmula de sua jurisprudência predominante; e *d)* os agravos de instrumento interpostos contra despacho denegatório de recurso ordinário nos processos de sua competência."

4.4 Do Ministério Público e dos órgãos auxiliares

A Constituição Federal, em seu art. 127, diz que o Ministério Público é uma instituição permanente, essencial à função jurisdicional. Seus membros gozam das mesmas garantias que têm os juízes, isto é, vitaliciedade, inamovibilidade e irredutibilidade de vencimentos.

Na área trabalhista, o Ministério Público é ramo do Ministério Público da União, juntamente com os MPs Federal, Militar e do Distrito Federal.

Compete ao Ministério Público, segundo o art. 127 da CF, zelar pelos interesses da sociedade, promovendo as medidas necessárias ao desempenho de sua missão.

O Ministério Público do Trabalho é composto pela Procuradoria da Justiça do Trabalho e pela Procuradoria da Previdência Social.

A Procuradoria da Justiça do Trabalho compreende uma Procuradoria-Geral, que funciona junto ao TST, e 24 Procuradorias Regionais, que funcionam junto aos TRTs.

Compete à Procuradoria propor ações previstas na Constituição Federal e na legislação trabalhista, zelar pelos interesses de menores e incapazes, atuar nas sessões dos tribunais, suscitar conflitos de competência, promover a cobrança de multas etc.

Não há mais a obrigação de a Procuradoria emitir parecer por escrito em todos os processos, como previam os arts. 746 e 747 da CLT, uma vez que o art. 83, II, da LC 75/1993 determina que o MP só se manifestará nos processos em que exista interesse público.

Como órgãos auxiliares da Justiça do Trabalho, em todas as instâncias existem secretarias.

Nos juízos compete à secretaria:

a) o recebimento, a autuação, o andamento, a guarda e a conservação dos processos e outros papéis que lhe forem encaminhados;

b) a manutenção do protocolo de entrada e saída dos processos e demais papéis; o registro das decisões;

c) a informação, às partes interessadas e seus procuradores, do andamento dos respectivos processos, cuja consulta facilitar-lhes-á;

d) a abertura de vista dos processos às partes, na própria secretaria;

e) a contagem das custas devidas pelas partes, na própria secretaria;

f) o fornecimento de certidões sobre o que constar dos livros ou do arquivamento da secretaria;

g) a realização das penhoras e demais diligências processuais;

h) o desempenho dos demais trabalhos que lhe forem cometidos pelo juiz, para melhor execução dos serviços que lhe estão afetos.

Nos Tribunais Regionais compete às secretarias:

a) a conclusão dos processos ao juiz e sua remessa, depois de despachos, aos respectivos relatores;

b) a organização e a manutenção de um fichário de jurisprudência do tribunal, para consulta dos interessados.

No Regimento Interno dos Tribunais Regionais serão estabelecidas as demais atribuições, o funcionamento e a ordem dos trabalhos de suas secretarias.

São também auxiliares da Justiça do Trabalho os distribuidores e os oficiais de justiça. Ao distribuidor compete:

a) a distribuição, pela ordem de entrada, e sucessivamente a cada vara, dos feitos que, para esse fim, forem apresentados pelos interessados;

b) o fornecimento, aos interessados, do recibo correspondente a cada feito distribuído;

c) a manutenção de dois fichários dos feitos distribuídos, sendo um organizado pelos nomes dos reclamantes e outro dos reclamados, ambos por ordem alfabética;

d) o fornecimento a qualquer pessoa que o solicite, verbalmente ou por certidão, de informações sobre os feitos distribuídos;

e) a baixa na distribuição dos feitos, quando isto lhe for determinado pelos juízes, formando, com as fichas correspondentes, fichários à parte, cujos dados poderão ser consultados pelos interessados, mas não serão mencionados em certidões.

Aos oficiais de justiça incumbe a realização de atos decorrentes da execução dos julgados das varas do trabalho e dos Tribunais Regionais.

Cumpre ressaltar que eles são oficiais de justiça avaliadores.

5
COMPETÊNCIA DA JUSTIÇA DO TRABALHO

SUMÁRIO: 5.1 A competência na Constituição Federal – 5.2 Competência em razão da matéria – 5.3 Competência em razão da pessoa – 5.4 Competência em razão do lugar – 5.5 Competência pela distribuição – 5.6 Prorrogação da competência.

5.1 A competência na Constituição Federal

A competência da Justiça do Trabalho vem prevista no art. 114 da Constituição Federal:

"Art. 114. Compete à Justiça do Trabalho processar e julgar:

I – as ações oriundas da relação de trabalho, abrangidos os entes de direito público externo e da administração pública direta e indireta da União, dos Estados, do Distrito Federal e dos Municípios;

II – as ações que envolvam exercício do direito de greve;

III – as ações sobre representação sindical, entre sindicatos, entre sindicatos e trabalhadores, e entre sindicatos e empregadores;

IV – os mandados de segurança, *habeas corpus* e *habeas data*, quando o ato questionado envolver matéria sujeita à sua jurisdição;

V – os conflitos de competência entre órgãos com jurisdição trabalhista, ressalvado o disposto no art. 102, I, *o*;

VI – as ações de indenização por dano moral ou patrimonial, decorrentes da relação de trabalho;

VII – as ações relativas às penalidades administrativas impostas aos empregadores pelos órgãos de fiscalização das relações de trabalho;

VIII – a execução, de ofício, das contribuições sociais previstas no art. 195, I, *a*, e II, e seus acréscimos legais, decorrentes das sentenças que proferir;

IX – outras controvérsias decorrentes da relação de trabalho, na forma da lei.

§ 1.º Frustrada a negociação coletiva, as partes poderão eleger árbitros.

§ 2.º Recusando-se qualquer das partes à negociação coletiva ou à arbitragem, é facultado às mesmas, de comum acordo, ajuizar dissídio coletivo de natureza econômica, podendo a Justiça do Trabalho decidir o conflito, respeitadas as disposições mínimas legais de proteção ao trabalho, bem como as convencionadas anteriormente.

§ 3.º Em caso de greve em atividade essencial, com possibilidade de lesão do interesse público, o Ministério Público do Trabalho poderá ajuizar dissídio coletivo, competindo à Justiça do Trabalho decidir o conflito" (v. ADIns 3.395-6 e 3.684-0, que suspenderam a eficácia de parte deste artigo).

Como se vê, a competência da Justiça do Trabalho, pelo Texto Constitucional, é para o conhecimento e julgamento de todas as questões referentes ao trabalho, seja com vínculo de emprego ou não.

Compete à Justiça do Trabalho também julgar as relações de trabalho em que figurem como empregadores os órgãos da administração pública municipal, estadual e da União, ou seja, para os servidores contratados pelo regime da CLT e não os admitidos em concurso público.

É competente, ainda, a Justiça do Trabalho para o julgamento das causas nas quais o empregador seja "ente de direito público externo". Esta parte do dispositivo constitucional é merecedora de severas críticas da doutrina. Todavia, o entendimento que é dado é o referente a embaixadas e outros órgãos de Estados estrangeiros que poderão ter reclamações trabalhistas julgadas pela Justiça do Trabalho do Brasil, não havendo, pois, imunidade de jurisdição. Todavia, quando o processo alcançar a execução, a justiça brasileira não será competente para executar. Portanto, terá o autor da ação um título inexequível.

5.2 Competência em razão da matéria

Quando se trata de competência em razão da matéria, quer-se indicar a qual órgão do Poder Judiciário nacional compete conhecer e julgar determinada matéria.

Para melhor compreensão, temos na vida em sociedade lides envolvendo relações civis, criminais, trabalhistas, dentre outras.

O Poder Judiciário é um só, havendo a divisão da competência para uma melhor prestação da atividade jurisdicional.

No cível, por exemplo, existe uma especialização, havendo varas especializadas em falência, em família e sucessões etc.

Já à Justiça do Trabalho compete o conhecimento e julgamento dos dissídios individuais e coletivos entre empregados, além de outros trabalhadores, nos termos da Constituição Federal, como já foi estudado.

Logo, não são apreciadas pela Justiça do Trabalho as matérias estranhas às relações de trabalho. Podemos citar como exemplos o acidente do trabalho, as causas previdenciárias, as relações de parceria e arrendamento etc.

Antigamente, antes da EC 45/2004, a competência da Justiça do Trabalho era apenas para a apreciação das relações de trabalho.

Logo, quanto à matéria, a Justiça do Trabalho é competente para conhecer os litígios oriundos da relação de trabalho, e não mais apenas as de emprego.

5.3 Competência em razão da pessoa

Basicamente, a competência em razão da pessoa dá-se quando há empregado (art. 3.º da CLT) e empregador (art. 2.º da CLT). Todavia, como a Constituição Federal sofreu alteração, à Justiça do Trabalho compete o julgamento de ações nas quais existam não só as figuras principais previstas na Consolidação, mas também outras relações de trabalho, mesmo sem existir o vínculo de emprego.

Portanto, cabe à Justiça do Trabalho a apreciação dos dissídios envolvendo empregadores (tanto os urbanos quanto os rurais e os domésticos) e também servidores públicos contratados sob o regime da CLT, e ainda outras relações de trabalho, mesmo sem a existência da relação de emprego.

5.4 Competência em razão do lugar

Os três órgãos da Justiça do Trabalho já estudados têm a seguinte competência:

a) Tribunais Regionais do Trabalho: têm sua jurisdição delimitada em razão do lugar, ou seja, alcançarão determinada região. Existem instalados hoje 24 TRTs, sendo que no Estado de São Paulo existem dois (2.ª e 15.ª Região);

b) Varas do Trabalho: como já foi estudado, são as varas os órgãos de 1.ª instância da Justiça do Trabalho. Uma vara é criada por lei federal, sendo que esta já delimita a competência territorial. Nas localidades onde não houver Justiça do Trabalho, a competência será do juiz de direito, conforme preceitua o art. 668 da CLT: "Art. 668. Nas localidades não compreendidas na jurisdição das Juntas de Conciliação e Julgamento, os Juízos de Direito são os órgãos de administração da Justiça do Trabalho, com a jurisdição que lhes for determinada pela lei de organização judiciária local" (redação original).

A competência das varas do trabalho é determinada pela localidade onde o empregado prestar serviços ao empregador, mesmo que tenha sido contratado noutro local ou até no estrangeiro (art. 651 da CLT).

Já para os empregados viajantes, quando prestarem serviços em várias localidades, será competente a Vara do Trabalho do domicílio do empregador, exceto quando o trabalhador estiver subordinado a agência ou filial, pois neste caso a competência será da vara a que a filial ou agência estiver subordinada (§ 1.º do art. 651 da CLT).

Para o trabalhador brasileiro aqui contratado para trabalhar no exterior, a competência será da vara, aqui no Brasil, do local da contratação, salvo se existir tratado internacional dispondo de modo diferente (§ 2.º do art. 651da CLT). Aqui cabe esclarecer: não obstante a competência ser de uma vara do trabalho, a lei de direito material a ser aplicada será a do país onde o trabalho foi efetivamente prestado. Isso se dá em obediência ao princípio da *lex loci executionis*.

Vejamos interessantes julgados sobre o tema:

"Contrato de trabalho celebrado no Brasil com prestação de serviço no exterior. A competência para o conhecimento da ação é a do lugar onde celebrado o contrato, de acordo com a jurisprudência uniforme do colendo TST. Princípio da *lex executionis*. A relação jurídica trabalhista é regida pelas leis vigentes no país da prestação de serviços e não por aquelas do local da contratação. Revista conhecida e provida para anular os atos decisórios do processo e determinar o retorno dos autos à instância de origem para apreciação do mérito, sob a égide da lei iraquiana" (TST, RR 8481/85-2, Barata Silva, Ac. 24 T. 847/86).

"A justiça brasileira é competente para julgar ação de trabalhador brasileiro contratado no Brasil (CLT, art. 651, § 2.º, e CPC, art. 88) por empresa para trabalhar no exterior. Isso porque a norma imperativa brasileira impõe a essas empresas a obrigatoriedade de terem domicílio no Brasil e percentual acionário nacional (Lei 7.064/1982, arts. 13, 19 e 20). Essa conclusão processual não impede que o juiz brasileiro aplique a lei estrangeira de direito do trabalho material em virtude do princípio de prevalência da norma do lugar da prestação dos serviços: *lex loci laboris*" (TRT/SP, RO 5568/87, Valentin Carrion, Ac. 84 T.).

"Contrato de trabalho realizado no Brasil e cumprido no exterior. Competência da justiça brasileira para processar e julgar reclamatória trabalhista. Acórdão regional reconhecendo a competência da justiça brasileira, em conformidade com o disposto no art. 651, § 2.º, da CLT" (TSI, CNC 27282/91-2, Ermes Pedrassani, Ac. SDI 1477/91).

No caso de empresas que promovam atividades em várias localidades, a competência será da vara do trabalho do foro da celebração do contrato ou da prestação de serviços, cabendo a escolha ao empregado (art. 651, § 3.º, da CLT).

Prorroga-se a competência quando a parte não alega a incompetência relativa, tornando-se, em virtude disso, competente uma junta incompetente.

Cabe aqui um esclarecimento a respeito do disposto no § 1.º do art. 795 da CLT: "§ 1.º Deverá, entretanto, ser declarada *ex officio* a nulidade fundada em incompetência de foro. Nesse caso, serão considerados nulos os atos decisórios".

A interpretação que é dada ao dispositivo legal acima é a de que a incompetência ali tratada é *ratione materiae*, e não *ratione loci*.

Entende-se preventa a Vara do Trabalho para a qual foi primeiro distribuída uma reclamação.

c) Tribunal Superior do Trabalho: tem jurisdição sobre todo o território nacional.

5.5 Competência pela distribuição

Nas localidades onde houver mais de uma Vara do Trabalho, a competência será ditada pela distribuição, ou seja, será competente a vara para a qual foi distribuída primeiramente a ação.

5.6 Prorrogação da competência

A competência poderá ser modificada em razão da prevenção, de conexão ou da continência.

A prevenção ocorre no caso do item anterior, isto é, será preventa a vara para a qual foi distribuída em primeiro lugar a reclamação.

A conexão ocorre quando duas ou mais ações tiverem em comum o objeto ou a causa de pedir (art. 103 do CPC).

Já a continência dá-se quando, entre duas ou mais ações, haja identidade das partes e da causa de pedir, mas o objeto de uma, por ser mais amplo, abrange o das outras (art. 104 do CPC). Neste caso, o atrativo é o objeto (maior), independentemente da ordem de distribuição.

6

ATOS, TERMOS E PRAZOS PROCESSUAIS

SUMÁRIO: 6.1 Atos – 6.2 Termos – 6.3 Prazos – 6.4 Comunicação dos atos processuais – 6.5 Nulidades.

6.1 Atos

Os fatos jurídicos, segundo lição de Tostes Malta, "são todos os acontecimentos que criam, modificam ou extinguem direitos". Ensina ainda o mesmo autor que, "havendo participação da vontade humana em tais acontecimentos, como se dá, por exemplo, nos contratos, temos os atos jurídicos que, quando se verificam no processo, são atos processuais".

São exemplos de atos processuais a propositura da ação, a contestação, o requerimento de realização de perícia ou de notificação de testemunhas etc. Estes exemplos são de atos praticados pelas partes.

Os atos processuais podem também ser praticados pelo juiz, pelos funcionários da justiça, pelas testemunhas e até pelos peritos. Nesses casos, podemos citar alguns exemplos:

a) pelo juiz: sentença;

b) pelo funcionário: certidão de decurso de prazo;

c) pela testemunha: depoimento ou justificativa de ausência;

d) pelo perito: apresentação do laudo ou de esclarecimentos.

Os atos processuais não exigem forma especial, asseverando o art. 771 da CLT que "poderão ser escritos a tinta, datilografados ou a carimbo".

Segundo o art. 770 da CLT, os atos processuais serão públicos, salvo quando o contrário for determinado pelo interesse público. Como exemplo da publicidade, as audiências são realizadas a portas abertas.

Diz ainda a lei que os atos processuais serão realizados nos dias úteis das 6 às 20 horas. Havendo autorização expressa do juiz, a penhora poderá ser realizada em domingo ou feriado.

Os atos processuais não são realizados de forma isolada. Ao contrário, são sempre sequenciais; todos eles almejam um fim, que é a sentença, e guardam interdependência, ou seja, são todos correlacionados.

Determina o art. 772 da CLT que os atos e termos processuais que devam ser assinados pelas partes interessadas, quando estas, por motivo justificado, não possam fazê-lo, serão firmados a rogo na presença de duas testemunhas, sempre que não houver procurador legalmente constituído.

6.2 Termos

Termo pode ser o indicador do início ou do fim de um prazo como também o registro gráfico de um ato nos autos. A ata das audiências é um exemplo de termo processual. Quando um ato processual é realizado fora do juízo, dá-se o nome de auto ao termo lavrado (auto de penhora, de constatação etc.).

6.3 Prazos

Prazo é o lapso de tempo dentro do qual um ato processual pode ser praticado.

A palavra "prazo", por si só, causa arrepios aos advogados, pois sua perda poderá trazer sérios prejuízos para a parte.

Os prazos podem ser divididos em legais, judiciais, convencionais, dilatórios, peremptórios e preclusivos. Vejamos cada um deles a seguir:

a) legais: são aqueles determinados pela lei;

b) judiciais: os determinados pelo juiz no andamento do processo;

c) convencionais: os ajustados pelas partes de comum acordo;

d) dilatórios: aqueles que são ampliados pelo juiz ou pelas partes em comum acordo;

e) peremptórios: são os prazos que terminam independentemente de provocação do interessado. Estes são prorrogáveis em caso de força maior (art. 775 da CLT);

f) preclusivos: são prazos cuja perda importa a impossibilidade da realização de um ato processual.

A preclusão divide-se em temporal (decurso do prazo), consumativa (o ato já foi praticado) e lógica (incompatível a sua prática com atos anteriores).

Podemos exemplificar para melhor compreensão:

a) preclusão temporal: não interposição de recurso no prazo;

b) preclusão consumativa: a interposição de um recurso impede que novo seja interposto;

c) preclusão lógica: a renúncia em recorrer impede a interposição posterior de recurso.

Os prazos, salvo disposição de lei em contrário, contam-se, conforme o caso, a partir da data da publicação ou do recebimento da notificação.

O dia do início do prazo não se conta, mas o de seu término sim. Logo, o dia seguinte ao do início do prazo denomina-se início da contagem do prazo.

Sendo não útil o dia seguinte à publicação ou recebimento da notificação, o início da contagem dar-se-á no primeiro dia útil.

Diz a Súmula 1 do TST: "Quando a intimação tiver lugar na sexta-feira, ou a publicação com efeito de intimação for feita nesse dia, o prazo judicial será contado da segunda-feira imediata, inclusive, salvo se não houver expediente, caso em que fluirá no dia útil que se seguir".

Ainda quanto à contagem de prazo, o TST assim se pronunciou por meio da Súmula 16: "Presume-se recebia a notificação 48 (quarenta e oito) horas depois de sua postagem. O seu não recebimento ou a entrega após o decurso desse prazo constitui ônus de prova do destinatário".

Como se vê, o ônus da prova do não recebimento é do destinatário.

Deve o intérprete prestar atenção para o fato de que o início da contagem de prazo presume-se 48 horas após a postagem da notificação. Isso quer dizer que, se por algum modo existir nos autos prova de que o destinatário recebeu a notificação antes das 48 horas, valerá a data do efetivo recebimento para que se dê início à contagem do prazo, não após. Melhor esclarecendo: se uma notificação é expedida numa segunda-feira, sendo recebida na terça pelo destinatário e este passando recibo, há presunção de que ele a tenha recebido na quarta-feira. Todavia, a presunção não terá aplicação, pois a notificação foi efetivamente recebida na terça-feira.

Por último, quanto aos prazos, a União, o Estado, o Município, o Distrito Federal, as autarquias e as fundações de direito público, desde que não explorem atividade econômica, têm a contagem do prazo em quádruplo para apresentar defesa e em dobro para recorrer.

6.4 Comunicação dos atos processuais

No direito processual do trabalho, a comunicação dos atos processuais recebe a denominação de notificação, diferentemente do processo civil, em que a referida comunicação recebe os nomes de citação, intimação e notificação.

A petição inicial é enviada à parte contrária, não havendo necessidade de requerimento de "citação do réu", como ocorre no processo civil: o envio da inicial ao reclamado é feito pelo correio.

A comunicação dos demais atos processuais é feita através do correio, isso na maior parte das vezes, pois em algumas regiões, como a segunda (São Paulo), ela se dá pelo *Diário Oficial*. Quando a parte não estiver representada por advogado, as notificações serão sempre enviadas pelo correio.

Quando se tratar de dissídio coletivo, as notificações serão feitas às partes, ou a seus representantes, publicando-se também conforme previsão do art. 867 da CLT:

"Art. 867. Da decisão do Tribunal serão notificadas as partes, ou seus representantes, em registrado postal, com franquia, fazendo-se, outrossim, a sua publicação no jornal oficial, para ciência dos demais interessados.

Parágrafo único. A sentença normativa vigorará:

a) a partir da data de sua publicação, quando ajuizado o dissídio após o prazo do art. 616, § 3.º, ou, quando não existir acordo, convenção ou sentença normativa em vigor, da data do ajuizamento;

b) a partir do dia imediato ao termo final de vigência do acordo, convenção ou sentença, quando ajuizado o dissídio no prazo do art. 616, § 3.º".

6.5 Nulidades

Trata a Consolidação das Leis do Trabalho das nulidades nos arts. 794 a 798.

Segundo a Consolidação, só haverá nulidade quando esta causar prejuízo. Diz o art. 794: "Nos processos sujeitos à apreciação da Justiça do Trabalho só haverá nulidade quando resultar dos atos inquinados manifesto prejuízo às partes litigantes".

Como se vê, o artigo transcrito traz o princípio do prejuízo para poder falar em nulidade. Exemplificando: se uma empresa sofre reclamação trabalhista e não é dela notificada, mas tomando conhecimento da existência do processo comparece à audiência, e nesta apresenta a defesa, não há falar em nulidade, pois não houve nenhum prejuízo.

Tormentoso é o problema do momento de se arguir as nulidades. Vejamos, primeiramente, os dizeres do art. 795 da CLT:

"Art. 795. As nulidades não serão declaradas senão mediante provocação das partes, as quais deverão argui-las à primeira vez em que tiverem de falar em audiência ou nos autos.

§ 1.º Deverá, entretanto, ser declarada *ex officio* a nulidade fundada em incompetência de foro. Nesse caso, serão considerados nulos os atos decisórios.

§ 2.º O juiz ou tribunal que se julgar incompetente determinará, na mesma ocasião, que se faça remessa do processo, com urgência, à autoridade competente, fundamentando sua decisão."

Apesar de parecer simples a interpretação a ser dada ao dispositivo legal supra, na prática surgem algumas discussões. Parece-nos que o momento oportuno para se arguir a nulidade seria aquele em que a parte "tiver de falar", ou seja, quando a lei lhe abre prazo para se pronunciar, sob pena de preclusão.

Esclarecendo: se durante uma audiência o juiz indefere oitiva de testemunhas e prolata sentença contra a parte que requereu tal prova, a oportunidade, de regra, para arguição da nulidade por cerceamento de defesa, a nosso ver, é por ocasião do recurso ordinário. Todavia, é adotado pelo costume (fonte de direito processual) o "protesto" oral reduzido a termo. Este procedimento substitui o agravo retido do processo civil, estando consagrado no direito processual do trabalho, principalmente pela Justiça do Trabalho. Portanto, o entendimento majoritário, mormente da jurisprudência, é o de que, não se insurgindo a parte supostamente prejudicada logo após a ocorrência da nulidade, estará precluso seu direito de argui-la.

Como determina o § 1.º do art. 795 da CLT, em se tratando de incompetência de foro, esta poderá ser declarada *ex officio* (pelo juiz, sem requerimento das partes). Como exemplo podemos citar uma ação de despejo por falta de pagamento movida na Justiça do Trabalho.

Podendo o ato gerador da nulidade ser suprido ou repetido, esta não será decretada.

Não será também decretada a nulidade se ela foi provocada pela parte que se beneficiaria com tal decretação. Exemplo: se um empregado move reclamação em foro diverso do local da prestação do trabalho e tal incompetência (nulidade) não é alegada pela reclamada, o reclamante não poderá argui-la, pois foi ele quem a provocou.

Quando decretada a nulidade, o juiz deverá declarar quais os atos por ela atingidos e, ainda, não deverá decretar a nulidade total do processo, mas aproveitará os atos anteriores à ocorrência da nulidade. Exemplo: sentença anulada por cerceamento de defesa pela não oitiva de testemunha – neste caso, a inicial, a contestação, os depoimentos das partes, o laudo pericial, se for o caso, terão validade, devendo ser ouvidas apenas as testemunhas.

7

PARTES E REPRESENTAÇÃO PROCESSUAL

No processo do trabalho, as partes denominam-se reclamante (autor) e reclamado (réu), uma vez que o dissídio individual recebe a denominação de reclamação trabalhista.

Quando é o empregador quem move a ação, entendemos que, mesmo assim, a nomenclatura acima deve ser observada, isto é, reclamante (empregador) e reclamado (empregado), já que a ação recebe o nome de reclamação, inclusive no inquérito para apuração de falta grave, no qual é a empresa quem move a reclamação, conforme se depreende da leitura do art. 853 da CLT: "Para a instauração do inquérito para apuração de falta grave contra empregado garantido com estabilidade, o empregador apresentará reclamação por escrito à Junta ou Juízo de Direito, dentro de 30 (trinta) dias, contados da data da suspensão do empregado".

Durante as várias fases processuais, os litigantes vão sendo chamados por outras denominações. Assim, é costume chamar-se de liquidante e liquidado na liquidação de sentença; exequente e executada na execução; recorrente e recorrido nos recursos ordinários e de revista; agravante e agravado nos agravos de instrumento e de petição.

7.1 Capacidade

Dispõe o art. 7.º do CPC que "toda pessoa que se acha no exercício dos seus direitos tem capacidade para estar em juízo".

De início, devemos distinguir a capacidade de ser parte da de estar em juízo. Poderá haver casos em que a pessoa tenha capacidade para ser parte, mas não tem a de estar em juízo. O exemplo típico aqui é dos incapazes, que devem ser representados ou assistidos para poderem ingressar em juízo.

No processo do trabalho, a maioridade para poder ingressar em juízo sempre foi aos 18 anos.

7.2 Representação

Dá-se a representação quando aquele que pode ser parte é substituído por outrem. Já a assistência dá-se quando alguém que tenha capacidade para ser parte é tutelado por outra pessoa (por exemplo, semicapazes, pessoas idosas ou doentes).

Quanto aos menores, se ingressarem em juízo, serão representados se tiverem entre 16 e 18 anos, uma vez que a partir dos 16 anos a pessoa pode celebrar contrato de trabalho. Quanto aos aprendizes, que podem trabalhar mesmo sendo menores de 16 anos (a partir dos 14 anos), nosso entendimento é o de que o caso é de assistência.

Os empregadores poderão ser substituídos em juízo por um preposto, ou gerente, desde que estes tenham conhecimento do fato (art. 843, § 1.º, da CLT). Esse preposto, segundo entendimento vencedor na jurisprudência, deverá ser empregado, não obstante a lei não fazer tal exigência.

Ainda quanto ao empregador, a massa falida será representada pelo síndico; a herança, pelo inventariante; o condomínio, pelo síndico ou pelo administrador, podendo, neste caso, haver a representação por preposto (zelador ou empregado da administradora).

Quanto ao empregador doméstico, este pode fazer-se representar em juízo por qualquer pessoa.

Súmula 377 do TST: "Preposto. Exigência da condição de empregado. Exceto quanto à reclamação de empregado doméstico, ou contra micro ou pequeno empresário, o preposto deve ser necessariamente empregado do reclamado. Inteligência do art. 843, § 1.º, da CLT e do art. 54 da Lei Complementar 123, de 14 de dezembro de 2006 (ex-OJ

99 – Inserida em 30.05.1997)". (Nova redação – Res. 146/2008, *DJ* 28.04.2008, 02 e 05.05.2008.)

Há na Consolidação das Leis do Trabalho interessante hipótese de representação do empregado. Trata-se da ausência deste por motivo de doença ou outro motivo poderoso, devidamente comprovado: não podendo o empregado comparecer pessoalmente, poderá fazer-se representar por outro empregado que pertença à mesma profissão, ou pelo sindicato, para o fim exclusivo de evitar o arquivamento (art. 843, § 2.º).

Nesse caso, a presença do representante serve apenas para se evitar o arquivamento da reclamatória, não podendo o representante prestar depoimento nem tomar ciência da redesignação da data de audiência. Sendo o motivo da ausência do empregado uma doença, esta deverá ser comprovada por atestado médico. O representante deverá ser um membro do sindicato ou um colega de profissão do empregado (metalúrgico, bancário etc.).

7.3 Partes

Já afirmamos: as partes denominam-se reclamante (autor) e reclamado (réu).

Têm capacidade de ser parte aqueles que podem ser sujeitos de direitos e as pessoas jurídicas.

7.4 *Jus postulandi*

O *jus postulandi*, ou o direito de postular em juízo (propor ação ou defender-se), que no processo civil pertence aos advogados, no processo do trabalho pertence às partes.

A distinção supra encontra-se no art. 36 do CPC e no art. 791 da CLT:

"Art. 36. A parte será representada em juízo por advogado legalmente habilitado. Ser-lhe-á lícito, no entanto, postular em causa própria, quando tiver habilitação legal ou, não a tendo, no caso de falta de advogado no lugar ou recusa ou impedimento dos que houver."

"Art. 791. Os empregados e os empregadores poderão reclamar pessoalmente perante a Justiça do Trabalho e acompanhar as suas reclamações até o final."

Não obstante o art. 133 da CF afirmar que o advogado é indispensável à administração da Justiça, o preceito da Consolidação das Leis do Trabalho continua em vigor. Em razão disso, nos processos trabalhistas não existe condenação em honorários, salvo se o reclamante estiver assistido por sindicato. Neste sentido, o TST tem duas Súmulas que tratam do tema:

"219. Honorários advocatícios. Hipótese de cabimento. (Incorporada a Orientação Jurisprudencial 27 da SDI-II)

Honorários advocatícios. hipótese de cabimento (nova redação do item II e inserido o item III à redação) – Res. 174/2011, *DeJT* divulgado em 27, 30 e 31.05.2011 I – na justiça do Trabalho, a condenação ao pagamento de honorários advocatícios, nunca superiores a 15% (quinze por cento), não decorre pura e simplesmente da sucumbência, devendo a parte estar assistida por sindicato da categoria profissional e comprovar a percepção de salário inferior ao dobro do salário mínimo ou encontrar-se em situação econômica que não lhe permita demandar sem prejuízo do próprio sustento ou da respectiva família. (ex-Súmula 219 – Res. 14/1985, DJ 26.09.1985) II – É cabível a condenação ao pagamento de honorários advocatícios em ação rescisória no processo trabalhista. III – São devidos os honorários advocatícios nas causas em que o ente sindical figure como substituto processual e nas lides que não derivem da relação de emprego. "329. Honorários advocatícios. Art. 133 da CF/1988.

Mesmo após a promulgação da CF/1988, permanece válido o entendimento consubstanciado na Súmula 219 do Tribunal Superior do Trabalho."

7.5 Substituição processual

Na substituição processual, alguém pleiteia direito alheio em nome próprio, e melhor exemplo da substituição no direito processual do trabalho é quando o sindicato profissional substitui os empregados, defendendo os interesses da categoria que representa. Essa substituição ocorre, também, em termos de direito individual.

A substituição processual no âmbito trabalhista é primária, autônoma e concorrente. Diz-se primária, pois o substituto pode mover a ação antes do substituído; autônoma, pois o substituído pode desistir e até transacionar; e concorrente, porque não há impedimento a que o substituído assuma a posição da parte.

O fundamento constitucional está no art. 8.º, III, da CF: "Art. 8.º É livre a associação profissional ou sindical, observado o seguinte: (...) III – ao sindicato cabe a defesa dos direitos e interesses coletivos ou individuais da categoria, inclusive em questões judiciais ou administrativas".

Quando um sindicato propõe reclamação trabalhista, há a necessidade de citar os nomes dos substituídos na petição inicial, e os substituídos podem a qualquer momento integrar a lide como assistentes litisconsorciais, acordar, transigir e renunciar, independentemente de substituto processual, não lhes sendo devidos honorários de advogado. Por último, subsiste na doutrina e na jurisprudência discussão acerca de se o sindicato, quando substituto processual, pode acordar, transigir ou renunciar.

A maioria da doutrina é no sentido de que o substituto processual só tem o direito de ação, sendo-lhe vedados os de acordar, transigir e renunciar. Nosso entendimento é o de que o sindicato, nos casos de substituição, poderá acordar, desistir e transigir, uma vez que é ele o legítimo representante da categoria.

A substituição pelo sindicato profissional é legítima quando esta entidade substitui os empregados nas reclamações, quando estas versarem sobre insalubridade e periculosidade e, também, quando tratarem de reajustes salariais.

Vejamos o que prevêem os arts. 195, § 2.º, e 872, ambos da CLT:

"Art. 195. A caracterização e a classificação da insalubridade e da periculosidade, segundo as normas do Ministério do Trabalho, far-se-ão através de perícia a cargo de Médico do Trabalho ou Engenheiro do Trabalho, registrado no Ministério do Trabalho.

(...)

§ 2.º Arguida em juízo insalubridade ou periculosidade, seja por empregado, seja por sindicato em favor de grupo de associados, o juiz designará perito habilitado na forma deste artigo, e, onde não houver, requisitará perícia ao órgão competente do Ministério do Trabalho".

"Art. 872. Celebrado o acordo, ou transitada em julgado a decisão, seguir-se-á o seu cumprimento, sob as penas estabelecidas neste Título.

Parágrafo único. Quando os empregadores deixarem de satisfazer o pagamento de salários, na conformidade da decisão proferida, poderão os empregados ou seus sindicatos, independentes de outorga de poderes de seus associados, juntando certidão de tal decisão, apresentar reclamação à Junta ou Juízo competente, observado o processo previsto no Capítulo II deste Título, sendo vedado, porém, questionar sobre a matéria de fato e de direito já apreciada na decisão."

7.6 O preposto da empresa e sua atuação na Justiça do Trabalho

7.6.1 Introdução

Preposto é o nome que a lei dá àquela pessoa que representa o empregador em juízo (art. 843, § 1.º, da CLT).

No processo do trabalho é obrigatória a presença das partes à audiência de instrução e julgamento, consoante os termos do art. 843 da CLT: "Na audiência de julgamento deverão estar presentes o reclamante e o reclamado, independentemente do comparecimento de seus representantes, salvo nos casos de reclamatórias plúrimas ou ações de cumprimento, quando os empregados poderão fazer-se representar pelo sindicato de sua categoria".

A ausência do reclamante à audiência importa o arquivamento da reclamação, e o não comparecimento do reclamado importa revelia, além da confissão quanto à matéria de fato, consoante os termos do art. 844 da CLT:

"Art. 844. O não comparecimento do reclamante à audiência importa o arquivamento da reclamação, e o não comparecimento do reclamado importa revelia, além de confissão quanto à matéria de fato.

Parágrafo único. Ocorrendo, entretanto, motivo relevante, poderá o presidente suspender o julgamento, designando nova audiência."

Revelia e confissão não se confundem: a revelia, no processo civil, é decorrente da inércia do reclamado quanto à apresentação de defesa;

já a confissão ocorre quando da ausência do reclamado na oportunidade em que teria de prestar seu depoimento. Logo, a revelia, no processo do trabalho, é a ausência da parte; no processo civil, é a ausência de defesa.

A bem da verdade, o TST tem entendimento no sentido de que, mesmo comparecendo o advogado com a defesa e procuração, a ausência do reclamado (ou de seu preposto) importa a revelia e a confissão.

Vejamos a Súmula 122 do TST: "122. Revelia. Atestado médico. (Incorporada a Orientação Jurisprudencial 74 da SDI-1). A reclamada, ausente à audiência em que deveria apresentar defesa, é revel, ainda que presente seu advogado munido de procuração, podendo ser ilidida a revelia mediante a apresentação de atestado médico, que deverá declarar, expressamente, a impossibilidade de locomoção do empregador ou do seu preposto no dia da audiência. (Primeira parte – ex-OJ 74 – Inserida em 25.11.1996; segunda parte – ex-Súmula 122, redação dada pela Res. 121/2003, *DJ* 21.11.2003)". (Res. 129/2005, *DJU* 20.04.2005.)

Portanto, neste ponto, a presença do preposto é mais importante até que a do próprio advogado da empresa.

7.6.2 O preposto e o vínculo de emprego

O § 1.º do art. 843 da CLT não faz referência a ser o preposto empregado: "Art. 843. (...) § 1.º É facultado ao empregador fazer-se substituir pelo gerente, ou qualquer outro preposto que tenha conhecimento do fato, e cujas declarações obrigarão o proponente".

Há forte discussão na doutrina e na jurisprudência sobre se deve ou não ser o preposto empregado.

A lei, como se vê acima, não faz qualquer menção a ser o preposto empregado. Por outro lado, os que defendem a tese de que o preposto deve ser empregado o fazem afirmando que pessoas estranhas à atividade da empresa, indo a juízo, desprestigiariam a Justiça do Trabalho, e estaria criada a figura do preposto profissional.

"Preposto não empregado. Pena de confissão. O preposto de que trata o art. 843, § 1.º, da CLT há de ser sempre empregado. Não faculta, o mencionado dispositivo, a representação por outra pessoa, sem vínculo empregatício com a empresa, embora alegando este conhecimento dos fatos. Revista conhecida e provida" (TST-5.ª Reg., RR 10.742/96.6, 5.ª

R., j. 05.03.1997, v.u., rel. Min. Antonio Maria Taumaturgo Cortizo, *DJU* 16.05.1997, p. 20.423).

Conclui-se, portanto, que, ao menos para não se correrem riscos, o preposto deve ser empregado.

7.6.3 *Carta de preposição*

Não há nenhum artigo na legislação que obriga o preposto a estar munido de "carta de preposição". Esta é uma providência do costume.

A carta de preposição pode ser, com efeito, simples, ou seja, deverá constar o nome do empregado, o número de sua CTPS, a data e a assinatura do representante legal da parte reclamada.

Não há necessidade de se outorgarem poderes (confessar, fazer acordo etc.), pois estes já são automáticos pela simples nomeação de preposto, porque a lei diz que as declarações do preposto obrigarão a reclamada (art. 843, § 1.º, da CLT).

A falta de carta de preposição ao preposto acarretará a confissão e talvez até a revelia, conforme estudado no item anterior.

Por motivo relevante e de urgência, a carta de preposição poderá ser entregue dentro de um prazo assinalado pelo juiz (digamos, 5 dias). A não apresentação neste prazo importará as mesmas consequências estudadas acima (preclusão pelo não cumprimento do prazo).

7.6.4 *O conhecimento dos fatos pelo preposto*

O preposto deverá ter conhecimento completo dos fatos sobre os quais versa a reclamação.

Não é necessário que o preposto tenha trabalhado com o reclamante, nem mesmo que o conheça. Por outro lado, caso o preposto ignore completamente os fatos relativos ao processo, será aplicada à parte reclamada a pena de confissão.

Logo, o preposto deverá ser claro, objetivo e seguro em suas respostas. Frases com "não sei", "não tenho certeza", "desconheço" e outras poderão acarretar a aplicação da pena de confissão ao empregador.

7.6.5 *Poderes do preposto*

O preposto detém todos os poderes cabíveis ao empregador, o qual, pelo simples fato de tê-lo nomeado, outorga-lhe amplos poderes para representá-lo, só que esta representação fica limitada à audiência em que ele compareceu.

Logo, se o preposto comparece na primeira audiência e não na segunda, seus poderes se exaurem naquela; se comparecer na segunda sessão, não há necessidade de nova carta de preposição, bastando mencionar que já fora preposto na audiência anterior.

O que se está querendo deixar claro é que o preposto não pode assinar contestação, recurso nem qualquer outra petição que deveria ser assinada por advogado ou até pela própria reclamada.

7.6.6 *O preposto antes da audiência*

Deve o preposto ter em mente que está naquele momento substituindo o empregador; assumindo uma postura de "dono" da empresa; deve deixar claro que sabe das responsabilidades da função; deve ter participação interativa com o advogado da empresa, participando das discussões que envolvam a possibilidade de um acordo.

O preposto deve sempre chegar pelo menos 30 minutos antes da hora designada para o início da audiência. Um eventual atraso poderá ser fatal, pois não há tolerância prevista na lei para tais casos.

7.6.7 *Ausência do preposto*

Vamos estudar agora os motivos que impedem o comparecimento do preposto à audiência e quando estes podem ser motivos justificados para seu adiamento.

7.6.7.1 *Doença do preposto*

A Consolidação das Leis do Trabalho, como já foi visto, determina que a ausência do reclamado importa revelia e confissão quanto à matéria de fato, salvo se ocorrer motivo relevante, hipótese em que poderá o juiz suspender a audiência.

Sem dúvida que doença poderá ser considerado motivo relevante, só que não só o fato de o preposto encontrar-se doente será bastante.

Em primeiro lugar, não é qualquer doença que autoriza ao juiz suspender a audiência – deverá ser uma enfermidade que impeça a locomoção do preposto. Isso quer dizer que um forte resfriado, ainda que cause mal-estar, não poderá ser considerado motivo suficiente para que se suspenda a audiência. Além disso, deverá a doença ser atestada por médico, não bastando, evidentemente, a simples alegação.

Nesse sentido, a já citada Súmula 122 do TST assim entende: "122. Revelia. Atestado médico. (Incorporada a Orientação Jurisprudencial 74 da SDI-1). A reclamada, ausente à audiência em que deveria apresentar defesa, é revel, ainda que presente seu advogado munido de procuração, podendo ser ilidida a revelia mediante a apresentação de atestado médico, que deverá declarar, expressamente, a impossibilidade de locomoção do empregador ou do seu preposto no dia da audiência. (Primeira parte – ex-OJ 74 – Inserida em 25.11.1996; segunda parte – ex-Súmula 122, redação dada pela Res. 121/2003, *DJ* 21.11.2003)". (Res. TST 129/2005, *DJU* 20.04.2005.)

Note-se que a súmula acima afirma: *no dia da audiência*. Assim, nos casos em que a doença se manifestou dias antes da audiência, mesmo prorrogando-se até alcançar o dia desta, o entendimento tem sido de que o empregador poderia ter nomeado outro preposto.

O atestado médico deverá especificar qual a doença do preposto, não bastando a simples informação de que deverá ficar em repouso. A justificativa deverá ser apresentada na audiência, devidamente comprovada pelo atestado.

Logo, de pouco tem valido o requerimento de advogados em audiências para que se conceda um prazo para a apresentação do atestado.

É evidente que algumas situações específicas poderão permitir ao juiz o adiantamento da audiência, mesmo sem a comprovação imediata.

Por exemplo, imaginemos que, no trajeto até a sede da Justiça, o preposto é acometido de crise de apendicite ou ataque cardíaco – parece-nos evidente que nestes casos o juiz deverá suspender a audiência e fixar um prazo para a apresentação do atestado médico.

7.6.7.2 Ausência do preposto por motivo de trânsito

O trânsito nas grandes cidades é um dos maiores problemas que se enfrenta. São fatos comuns no dia a dia da Justiça do Trabalho os atrasos das partes em razão de congestionamentos. E isso acaba se agravando com o hábito do brasileiro de não cumprir o horário em seus compromissos.

Se o atraso deveu-se a congestionamento normal e conhecido, não deverá ter sucesso a parte que vier a alegar este motivo para justificar seu não comparecimento à audiência.

Situação diferente é quando o congestionamento foi fruto de acidente entre veículos ou uma passeata, que o acarretou. Trata-se aqui de motivo de força maior, que justifica o atraso.

Os tribunais têm o entendimento de que, se a audiência teve início sem o preposto, mas este chega ao seu encerramento, a pena de confissão que já havia sido aplicada deverá ser reconsiderada.

7.6.7.3 Outros motivos

Além do trânsito na realidade das grandes cidades, a violência também traz vários outros problemas a seus moradores. Se o preposto, ao se dirigir à audiência, sofrer um assalto, parece-nos que este é motivo suficiente, desde que comprovado, para se suspender a audiência. Poderá também o preposto vir a ser detido por policiais quando estava se dirigindo à audiência. Este também é, a nosso ver, motivo que permite a suspensão da audiência.

7.7 O advogado-preposto

O advogado que atuar no processo não poderá ser preposto, ainda que seja empregado da empresa reclamada.

O assunto já rendeu acalorados debates na doutrina.

O saudoso Professor Emílio Gonçalves assim se pronuncia sobre o tema: "Não há confundir a atividade do advogado com a do preposto do empregador no processo trabalhista. O advogado atua no exercício de sua atividade profissional, exercendo, no caso, o procuratório judicial.

O preposto representa a própria parte, substituindo fisicamente o empregador na audiência. Exercem advogado e preposto papéis distintos. O advogado é procurador, o preposto, representante do empregador. A atuação do advogado não dispensa o comparecimento do empregador ou do preposto da empresa à audiência" (*O preposto do empregador no processo trabalhista*).

Para outros, como Ronald Soares, Coqueijo Costa e Cláudio Vieira da Silva, o advogado poderia ser preposto.

O Código de Ética do Advogado, em seu art. 23, assim determina: "Art. 23. É defeso ao advogado funcionar no mesmo processo, simultaneamente, como patrono e preposto do empregador ou cliente".

Logo, o advogado não pode ao mesmo tempo exercer esta função e a de preposto, ainda que empregado.

7.8 O preposto dos condomínios

Quem representa o condomínio é o síndico. Poderá, também, ser representado pela administradora.

Se o preposto for empregado do condomínio, não haverá maiores problemas.

O problema surge quando o preposto for empregado da administradora: pode ser preposto de condomínio? Entendemos que não.

7.9 O preposto dos empregadores domésticos

Segundo a Lei 5.859/1972, empregador doméstico é aquele, pessoa física ou família, que admite empregados, sem finalidade de lucro.

Logo, tanto pode ser empregador doméstico uma pessoa que reside só ou uma família. No caso desta última, se a empregada estiver registrada em nome de um dos membros da família, havendo uma eventual reclamação, qualquer membro poderá representá-la em juízo.

Cumpre deixar claro que não se trata de preposto, mas sim de representação. De qualquer modo, poderá a família ser representada por um outro empregado.

Por outro lado, a jurisprudência do TST alterou o entendimento, por meio da Súmula 377, que assim dispõe: "Preposto. Exigência da condição de empregado (nova redação – Res. 146/2008, *DJ* 28.04.2008, 02 e 05.05.2008). Exceto quanto à reclamação de empregado doméstico, ou contra micro ou pequeno empresário, o preposto deve ser necessariamente empregado do reclamado. Inteligência do art. 843, § 1.º, da CLT e do art. 54 da LC 123, de 14.12.2006".

8
PETIÇÃO INICIAL

Como já foi salientado, no processo do trabalho o *jus postulandi* pertence às partes, o que torna não obrigatória a figura do advogado. Por isso, o legislador tornou simples a forma de se propor uma reclamação trabalhista.

A Consolidação das Leis do Trabalho prevê, em seu art. 840, que a reclamação poderá ser escrita ou verbal. Nessa última, a parte dirige-se à Justiça do Trabalho, fazendo ali sua reclamação, sendo reduzida a termo por um funcionário. Se for escrita, o § 1.º do art. 840 da CLT traz os requisitos da petição inicial.

Este dispositivo legal é mais simples do que o previsto no art. 282 do CPC. Diz o § 1.º do art. 840 da CLT: "Sendo escrita, a reclamação deverá conter a designação do presidente da Junta [atualmente, Juiz do Trabalho], ou do juiz de direito, a quem for dirigida, a qualificação do reclamante e do reclamado, uma breve exposição dos fatos de que resulte o dissídio, o pedido, a data e a assinatura do reclamante ou de seu representante".

O primeiro elemento que exsurge da análise do texto supra é o juízo a quem é dirigida a reclamação. É o juiz do trabalho ou juiz de direito nas localidades onde não houver Justiça do Trabalho.

A qualificação das partes, ou seja, reclamante (autor) e reclamada (réu), é um procedimento que visa deixar bem esclarecido quem são os litigantes. Aliás, na reclamação deve constar o endereço para envio de notificações. A breve exposição dos fatos constitui, a nosso ver, uma obrigatoriedade que muitas vezes não é obedecida.

Não há necessidade de se fundamentar a petição inicial em dispositivos legais. Exemplificando: se o reclamante pretende cobrar horas extras, basta informar o horário que cumpria na reclamada.

O pedido deverá corresponder ao narrado no corpo da petição, ou seja, o que constou da causa de pedir. Valendo-se do exemplo acima, do fato narrado (trabalho em jornada suplementar), o reclamante poderá pedir o pagamento de horas extras e reflexos no FGTS, férias, aviso prévio, RSR e 13.º salário.

O dispositivo consolidado não faz menção ao valor da causa. Todavia, este é obrigatório por força do disposto na Lei 5.584/1970, a qual assevera, em seu art. 2.º, que não caberá recurso nas causas cujo valor seja inferior a dois salários mínimos.

Hoje também se faz necessário o valor da causa para que se eleja o rito sumaríssimo ou ordinário. Mesmo que não conste o valor da causa, a petição inicial não será inepta, pois o juiz poderá atribuir um valor à reclamação na audiência.

Temos para nós que no processo do trabalho o valor da causa nem sempre deverá corresponder ao valor do pedido (como ocorre no processo civil). A exceção fica por conta do rito sumaríssimo, em que tais valores devem coincidir.

Nosso posicionamento se deve ao fato de que as reclamações trabalhistas trazem vários pedidos e nem sempre todos são provados; além do que, não há obrigatoriedade, salvo no rito sumaríssimo, de que o valor da causa corresponda ao pedido.

Entendemos que o art. 282 do CPC não tem aplicação no processo do trabalho, uma vez que este tem norma específica sobre petição inicial (§ 1.º do art. 840 da CLT). O art. 769 da CLT afirma: "Nos casos omissos, o direito processual comum será fonte subsidiária do direito processual do trabalho, exceto naquilo em que for incompatível com as normas deste Título".

8.1 Espécies de pedidos

8.1.1 Pedido genérico

Pedido genérico não deve ser confundido com pedido indeterminado. O pedido genérico diz respeito ao aspecto quantitativo, ou seja, poderá ser determinado no futuro.

Exemplo de tal pedido é o de horas extras, as quais, após comprovadas na fase de conhecimento, serão apuradas na execução do julgado.

8.1.2 Pedido alternativo

Diz-se alternativo o pedido em que, pela natureza da obrigação, o devedor puder cumprir a prestação de mais de um modo (art. 288 do CPC).

O parágrafo único do art. 288 do CPC afirma que quando, pela lei ou pelo contrato, a escolha couber ao devedor, o juiz assegurar-lhe-á o direito de cumprir a prestação de um ou de outro modo, ainda que o autor não tenha formulado pedido alternativo. Um exemplo corriqueiro no processo trabalhista é a reintegração da gestante ou o pagamento do tempo correspondente.

8.1.3 Pedidos sucessivos ou subsidiários

Permite o Código de Processo Civil (art. 289) que seja formulado mais de um pedido em ordem sucessiva, a fim de que o juiz conheça da posterior, no caso de não poder acolher a anterior.

Temos, então, que, se o juiz conhecer do primeiro pedido, o segundo ficará prejudicado, ou seja, o pedido subsidiário (ou alternativo) só será conhecido caso não seja acolhido o principal.

Um exemplo é o do empregado, que entende contar com estabilidade, que é despedido com justa causa. O empregado propõe a reclamação trabalhista pedindo sua reintegração, mas, caso não se entenda que ele é detentor de estabilidade, que se condene a empresa no pagamento de verbas decorrentes de uma despedida sem justa causa.

8.1.4 Pedidos cumulativos

A acumulação de pedidos poderá ser objetiva ou subjetiva. Da primeira trata o art. 842 da CLT, que assim preceitua: "Art. 842. Sendo várias as reclamações e havendo identidade de matéria, poderão ser acumuladas num só processo, se se tratar de empregados da mesma empresa ou estabelecimento".

A norma da Consolidação é complementada pelo previsto no art. 292 do CPC: "É permitida a cumulação, num único processo, contra o mesmo réu, de vários pedidos, ainda que entre eles não haja conexão".

A Consolidação das Leis do Trabalho (art. 842) permite a reunião de processos desde que os reclamantes sejam empregados da mesma empresa ou estabelecimento e desde que haja identidade de matéria.

A cumulação subjetiva poderá ocorrer no momento da propositura da reclamação ou mesmo após – ou seja, surge quando não há litisconsórcio.

8.1.5 Pedido de prestações sucessivas

Muitos são os casos em que as prestações são periódicas, principalmente nos acordos, que geralmente são parcelados.

Trata-se de ocorrência muito comum no processo do trabalho. Além do exemplo acima, temos os casos em que o empregado pede reintegração com o pagamento dos salários vencidos e vincendos até a efetiva reintegração.

A Consolidação das Leis do Trabalho e o Código de Processo Civil tratam assim a matéria:

CLT: "Art. 892. Tratando-se de prestações sucessivas por tempo indeterminado, a execução compreenderá inicialmente as prestações devidas até a data do ingresso na execução".

CPC: "Art. 290. Quando a obrigação consistir em prestações periódicas, considerar-se-ão elas incluídas no pedido, independentemente de declaração expressa do autor; se o devedor, no curso do processo, deixar de pagá-las ou de consigná-las, a sentença as incluirá na condenação, enquanto durar a obrigação".

8.2 Inépcia da inicial

Por omissão da Consolidação das Leis do Trabalho, neste ponto devemos atentar para o art. 295 do CPC. Uma petição inicial será inepta quando lhe faltar pedido ou causa de pedir, da narração dos fatos não decorrer logicamente a conclusão, o pedido for juridicamente impossível e contiver pedidos incompatíveis entre si. Exemplificando: pede-se a declaração de vínculo de emprego e a rescisão indireta do contrato de trabalho por ato previsto no art. 483 da CLT.

Sendo inepta uma petição inicial, o juiz não poderá indeferi-la de plano. Firmou-se o entendimento jurisprudencial de que só após concessão de prazo para emendar a inicial, e o autor não o fazendo, é que poderá ser declarada inepta a petição inicial. Diz a Súmula 263 do TST: "Salvo nas hipóteses do art. 295 do CPC, o indeferimento da petição inicial, por encontrar-se desacompanhada de documento indispensável à propositura da ação ou não preencher outro requisito legal, somente é cabível se, após intimada para suprir a irregularidade em 10 (dez) dias, a parte não o fizer". (Redação dada pela Res. TST 121/2003.)

9
AUDIÊNCIA

Após distribuída a petição inicial, é designada a audiência. É nesta oportunidade, segundo a Consolidação das Leis do Trabalho, que a reclamada fará sua defesa, sendo produzidas as demais provas, sobretudo a testemunhal.

Audiência deriva de audição, isto é, a reunião das partes para que sejam ouvidas pelo juiz e colhidas as provas (a entrega de defesa, a oitiva de testemunhas, além de outros documentos).

Segundo a Consolidação das Leis do Trabalho, as audiências são únicas ou unas. Ocorre que, em algumas localidades, na prática atual, devido ao excessivo volume de processos, tornou-se costume a divisão da audiência em três sessões: na primeira ocorrem a tentativa de conciliação e a apresentação da resposta da reclamada, recebendo o nome de audiência inicial; a segunda recebe o nome de instrução, na qual as partes serão ouvidas, bem como as testemunhas, o perito e os auxiliares técnicos; na terceira, que recebe o nome de audiência de julgamento, ocorre a redação da sentença. Nessa última não há, como regra, obrigatoriedade do comparecimento das partes. A sentença poderá ser retirada pelas partes ou seus advogados na secretaria da Vara, ou, então, serão elas notificadas da decisão por carta ou publicação no *Diário Oficial*.

Na audiência, o juiz tem o dever de manter a ordem e o decoro. As audiências são públicas, e os que dela participam ou apenas a assistem devem portar-se de maneira respeitosa.

A CLT assim se pronuncia: "Art. 816. O juiz ou presidente manterá a ordem nas audiências, podendo mandar retirar do recinto os assistentes que a perturbarem".

E o Código de Processo Civil completa:

"Art. 445. O juiz exerce o poder de polícia, competindo-lhe:

I – manter a ordem e o decoro na audiência;

II – ordenar que se retirem da sala da audiência os que se comportarem inconvenientemente;

III – requisitar, quando necessário, a força policial."

9.1 Resposta da reclamada

Como afirmado acima, é na audiência que a reclamada apresentará sua resposta.

A Consolidação das Leis do Trabalho (art. 847) prevê que a defesa será apresentada no prazo de 20 minutos (verbal).

Na prática, a defesa é feita por petição, que é entregue na audiência, após a tentativa de conciliação.

A resposta poderá ser através da contestação e da exceção. Esta é uma defesa contra irregularidades ou vícios do processo que impedem o seu regular trâmite. Poderá também a reclamada apresentar reconvenção, que é uma ação do réu contra o autor no mesmo processo.

9.1.1 Exceção

Exceção vem do latim *exceptio*, significando "pôr de lado", e, num sentido mais objetivo, é meio pelo qual a parte expressa seu desejo de arguir a incompetência (relativa) do órgão jurisdicional (em razão do lugar), ou mesmo do julgador (quanto a este, temos as exceções de impedimento e de suspeição).

A parte poderá, antes de contestar, apresentar exceção, que é uma forma de defesa indireta, ou seja, trata-se de um meio de opor-se à reclamação, sem, entretanto, atacar diretamente a pretensão do reclamante.

Segundo a Consolidação das Leis do Trabalho, as exceções podem ser de suspeição e de incompetência. Esta poderá ser em razão da matéria, do lugar ou das pessoas.

O art. 795, § 1.º, da CLT determina que a incompetência em razão da matéria seja decretada de ofício pelo juiz. Não procedendo assim, a parte deverá arguir a incompetência através de exceção.

A exceção em razão do lugar deve ser arguida na primeira oportunidade, sob pena de se prorrogar a competência da vara. Logo, deve ser arguida em audiência, antes de se apresentar a contestação. O correto é a apresentação da exceção por petição independente da contestação, não obstante ver-se na prática a apresentação desta como preliminar.

Quanto à exceção em razão da pessoa, esta ocorre quando a lei não atribui competência à Justiça do Trabalho em face da pessoa do trabalhador, pela função exercida. Por exemplo, quando um funcionário público estatutário propuser uma reclamação trabalhista, a justiça laboral não terá competência para conhecer e julgar tal ação.

Como já afirmado, a exceção deve ser oferecida por petição, sendo que o seu autor recebe a denominação de excipiente e o réu, de excepto.

Arguida a exceção, o excepto terá o prazo de 24 horas para se pronunciar, sendo prolatada decisão na primeira audiência, conforme dispõe o art. 800 da CLT.

Da decisão que julga a exceção não cabe recurso, podendo ser arguida novamente em preliminar do recurso ordinário após a decisão que julgar o mérito.

Julgada a exceção, abre-se o prazo (de 20 minutos) para a apresentação da contestação. Quanto a este ponto, deve-se tomar certa cautela, pois há discussão na jurisprudência sobre se a contestação deve ser apresentada junto com a exceção ou somente após o seu julgamento. Portanto, é recomendável que a reclamada leve já na primeira audiência a exceção e a contestação, muito embora tal discussão não devesse existir, pois a lei é clara ao declarar que a exceção suspende o andamento do feito (art. 799 da CLT).

No tocante à exceção de suspeição, a Consolidação das Leis do Trabalho não faz distinção entre impedimento e suspeição, como ocorre no Código de Processo Civil.

Quanto ao impedimento, assim se pronuncia o CPC:

"Art. 134. É defeso ao juiz exercer as suas funções no processo contencioso ou voluntário:

I – de que for parte;

II – em que interveio como mandatário da parte, oficiou como perito, funcionou como órgão do Ministério Público, ou prestou depoimento como testemunha;

III – que conheceu em primeiro grau de jurisdição, tendo-lhe proferido sentença ou decisão;

IV – quando nele estiver postulando, como advogado da parte, o seu cônjuge ou qualquer parente seu, consanguíneo ou afim, em linha reta; ou, na linha colateral até o segundo grau;

V – quando cônjuge, parente, consanguíneo ou afim, de alguma das partes, em linha reta ou, na colateral, até o terceiro grau;

VI – quando for órgão de direção ou de administração de pessoa jurídica, parte na causa.

Parágrafo único. No caso do n. IV, o impedimento só se verifica quando o advogado já estava exercendo o patrocínio da causa; é, porém, vedado ao advogado pleitear no processo, a fim de criar o impedimento do juiz."

Já quanto à suspeição, o CPC afirma:

"Art. 135. Reputa-se fundada a suspeição de parcialidade do juiz, quando:

I – amigo íntimo ou inimigo capital de qualquer das partes;

II – alguma das partes for credora ou devedora do juiz, de seu cônjuge ou de parentes destes, em linha reta ou na colateral até o terceiro grau;

III – herdeiro presuntivo, donatário ou empregador de alguma das partes;

IV – receber dádivas antes ou depois de iniciado o processo; aconselhar alguma das partes acerca do objeto da causa, ou subministrar meios para atender às despesas do litígio;

V – interessado no julgamento da causa em favor de uma das partes.

Parágrafo único. Poderá ainda o juiz declarar-se suspeito por motivo íntimo."

Não obstante isso, o impedimento poderá ser alegado pelas partes. Não poderá atuar no processo o juiz quando for parte em que interveio como mandatário da parte, oficiou como perito, funcionou como órgão do Ministério Público ou prestou depoimento como testemunha; que conheceu do processo em primeiro grau de jurisdição, tendo-lhe proferido sentença ou decisão; quando estiver postulando, como advogado da parte, o seu cônjuge ou qualquer parente ou, consanguíneo ou afim, em linha reta, ou na linha colateral até o segundo grau; quando for órgão de direção ou de administração de pessoa jurídica, parte na causa.

A suspeição vem regulada pela CLT em seu art. 801:

"Art. 801. O juiz, presidente ou classista, é obrigado a dar-se por suspeito, e pode ser recusado, por algum dos seguintes motivos, em relação à pessoa dos litigantes:

a) inimizade pessoal;

b) amizade íntima;

c) parentesco por consanguinidade ou afinidade até o terceiro grau civil;

d) interesse particular na causa.

Parágrafo único. Se o recusante houver praticado algum ato pelo qual haja consentido na pessoa do juiz, não mais poderá alegar exceção de suspeição, salvo sobrevindo novo motivo. A suspeição não será também admitida, se do processo constar que o recusante deixou de alegá-la anteriormente, quando já a conhecia, ou que, depois de conhecida, aceitou o juiz recusado ou, finalmente, se procurou de propósito o motivo de que ela se originou."

9.1.2 Contestação

Contestar quer dizer responder. É na contestação que a reclamada rebate os argumentos do reclamante.

Na contestação a reclamada apresenta sua defesa, como afirmado, podendo esta ser direta ou indireta.

Na direta, a reclamada se volta para a causa de pedir e para os pedidos formulados pelo reclamante. Temos como exemplo, numa ação em que o reclamante pede o pagamento de horas extras, a empresa negar o labor em sobrejornada.

Já na indireta, a reclamada reconhece os fatos constitutivos alegados pelo reclamante, mas lhe opõe fatos impeditivos (o autor não faz jus ao aviso prévio), modificativos (a despedida foi por justa causa) ou extintivos (a empresa comprova o pagamento do salário pleiteado).

A Consolidação das Leis do Trabalho prevê que a contestação seja apresentada no prazo de 20 minutos. Portanto, o procedimento é oral, mas o costume fez com que fosse ela apresentada por escrito. Mesmo se apresentada por escrito, a reclamada pode aditar verbalmente a contestação, sempre observando os 20 minutos.

Na contestação deverá ser alegada toda a matéria de defesa, em respeito ao princípio da eventualidade (art. 300 do CPC). Deverá, ainda, a contestação ser específica, não tendo validade uma defesa genérica. Cabe aqui o estatuído no art. 302 do CPC.

Quanto à documentação necessária para a comprovação das alegações constantes da contestação, deve ser apresentada com esta, em obediência ao princípio da eventualidade, sob pena de não poder ser apresentada no futuro, o que poderá acarretar julgamento contrário à reclamada.

9.1.3 Reconvenção

Prevista no Código de Processo Civil e plenamente aceita pelo processo do trabalho, trata-se de uma ação da reclamada contra o reclamante no mesmo processo. Deve ser a reconvenção apresentada com a contestação, só que em peça própria.

Cabe reconvenção quando a reclamada tem algum direito a ser cobrado do reclamante, como, por exemplo, um prejuízo causado com dolo pelo empregado.

Nas ações de consignação em pagamento também cabe reconvenção. Vejamos: se um empregado é despedido e se recusa a receber as verbas rescisórias, por entender estarem incorretas, e se o empregador propuser ação de consignação, o empregado propõe a reconvenção pedindo o pagamento do que ele entende correto.

9.2 Provas

Como regra, são os fatos que devem ser provados, pois o direito já é de conhecimento do juiz. Este é o destinatário da prova, tendo o livre convencimento na apreciação daquela.

Vejamos o que preceitua o art. 131 do CPC: “Art. 131. O juiz apreciará livremente a prova, atendendo aos fatos e circunstâncias constantes dos autos, ainda que não alegados pelas partes; mas deverá indicar, na sentença, os motivos que lhe formaram o convencimento".

Valendo-nos ainda do Código de Processo Civil, é de se afirmar que nem todos os fatos dependem de prova, pois o art. 334 do diploma processual civil afirma:

"Art. 334. Não dependem de prova os fatos:

I – notórios;

II – afirmados por uma parte e confessados pela parte contrária;

III – admitidos, no processo, como incontroversos;

IV – em cujo favor milita presunção legal de existência ou de veracidade."

Devem ser objeto da prova apenas os fatos relevantes e pertinentes à causa, devendo o juiz-presidente indeferir perguntas ou diligências que não tenham essas características. Aliás, é muito comum durante as audiências o indeferimento de perguntas das partes por serem impertinentes ou irrelevantes.

Um ponto importante e delicado é saber de quem é o ônus da prova. A Consolidação das Leis do Trabalho, de forma singela, apenas dispõe, em seu art. 818, que a prova das alegações incumbe à parte que as fizer.

Sem qualquer oposição, aplica-se no processo do trabalho o previsto no art. 333 do CPC:

"Art. 333. O ônus da prova incumbe:

I – ao autor, quanto ao fato constitutivo do seu direito;

II – ao réu, quanto à existência de fato impeditivo, modificativo ou extintivo do direito do autor.

Parágrafo único. É nula a convenção que distribui de maneira diversa o ônus da prova quando:

I – recair sobre direito indisponível da parte;

II – tornar excessivamente difícil a uma parte o exercício do direito."

Da análise do artigo supra pode-se afirmar que ao autor cabe fazer prova dos fatos constitutivos de seu direito (por exemplo, a existência da relação de trabalho, ou seja, que prestou serviços à reclamada).

Depreende-se do dispositivo que à reclamada cabe a prova dos fatos extintivos (por exemplo, se o reclamante alega não ter recebido o 13.º salário, à reclamada cabe a produção de prova nesse sentido, digamos, juntando o respectivo recibo de pagamento); impeditivos (por exemplo, não obstante o reclamante alegar não ter recebido o pagamento das verbas rescisórias, a reclamada afirma que não pagou pois o despedimento se deu com justa causa); modificativo (o reclamante alega não ter recebido horas extras, sendo que a reclamada afirma ser ele exercente de função de confiança, motivo pelo qual não houve tal pagamento).

9.2.1 Prova documental

Como já afirmado, as partes devem apresentar os documentos com a inicial e a defesa (princípio da eventualidade).

Determina a CLT (art. 830) que o documento oferecido como prova deverá ser exibido no original ou em certidão autêntica, salvo quando conferida a sua autenticidade perante o juiz na audiência, ou até mesmo pelo próprio advogado autenticando a veracidade sob pena de responsabilidade pessoal. Mas não basta impugnar um documento pelo simples fato de o mesmo estar em cópia sem autenticação. Os tribunais têm entendido que as convenções coletivas não necessitam estar em cópias autenticadas.

9.2.2 Confissão

A parte não pode fazer prova para si. Durante o interrogatório/depoimento pessoal, a parte poderá confirmar as alegações da outra. A isso se dá o nome de confissão real, que não é ilidida por prova testemunhal.

Oportuno aqui tratar da diferenciação que se faz quanto ao interrogatório e ao depoimento pessoal.

O art. 848 da CLT assim se pronuncia:

"Art. 848. Terminada a defesa, seguir-se-á a instrução do processo, podendo o presidente, *ex officio* ou a requerimento de qualquer juiz temporário, interrogar os litigantes.

§ 1.º Findo o interrogatório, poderá qualquer dos litigantes retirar-se, prosseguindo a instrução com o seu representante.

§ 2.º Serão, a seguir, ouvidas as testemunhas, os peritos e os técnicos, se houver."

Analisando-se o texto supra, seria de se concluir que a inquirição da parte é faculdade apenas do juiz. Todavia, o art. 820 da CLT assevera: "Art. 820. As partes e testemunhas serão inquiridas pelo juiz ou presidente, podendo ser reinquiridas, por seu intermédio, a requerimento dos vogais, das partes, seus representantes ou advogados".

Como se vê, a lei confere às partes e aos advogados a reinquirição das partes e testemunhas. E a Súmula 74, I, assim prevê: "Aplica-se a confissão à parte que, expressamente intimada com aquela cominação, não comparecer à audiência em prosseguimento, na qual deveria depor".

E a súmula supra fala em depoimento. Logo, as partes podem requerer a oitiva da adversa, o que, aliás, na prática diária do processo trabalhista, mostra que muitas vezes, em virtude disso, não há a necessidade da produção da prova testemunhal, pois ocorre a confissão.

9.2.3 *Testemunhas*

A Consolidação das Leis do Trabalho prevê que cada parte poderá ouvir até três testemunhas, salvo quando se tratar de inquérito para apuração de falta grave, quando este número sobe para seis. Diferentemente do processo civil, no trabalhista as testemunhas comparecem independentemente de notificação, sendo levadas ou convidadas pelas partes, não havendo que se depositar em secretaria o rol de testemunhas. Somente serão notificadas aquelas que, convidadas, não comparecerem (art. 825, parágrafo único, da CLT).

Algumas pessoas não podem ser testemunhas. São as incapazes, impedidas ou suspeitas.

Consideram-se incapazes os interditos por demência, o menor de 16 anos, os portadores de deficiência auditiva ou visual, quando a ciência dos fatos depender dos sentidos que não possuam e o que, acometido por enfermidade, ou debilidade mental, ao tempo em que ocorreram os fatos, não podia discerni-los; ou, ao tempo em que deve depor, não está habilitado a transmitir as percepções.

São impedidos de depor o cônjuge, o ascendente e o descendente em qualquer grau, ou o colateral até terceiro grau, de qualquer das partes, consanguíneo ou afim, salvo se o exigir o interesse público e o que é parte na causa, bem como o que intervém em nome de uma parte, como o tutor na causa do menor, o representante legal da pessoa jurídica, o juiz, o advogado e outros, que assistam ou tenham assistido as partes.

Suspeitos são: o condenado por crime de falso testemunho, havendo transitado em julgado a sentença; o que, por seus costumes, não for digno de fé; o que tiver interesse no litígio; o inimigo capital ou o amigo íntimo de alguma das partes.

A CLT, em seu art. 829, determina que as testemunhas impedidas ou suspeitas prestem depoimento sem serem compromissadas, valendo seu depoimento como simples informação.

Deve ficar ressaltado que a amizade que proíbe o depoimento testemunhal deve ser íntima, não bastando simples coleguismo, muitas vezes rotulado como amizade. Esta deverá, como já afirmado, ser íntima, ou seja, existir compadrio, frequência em visitas, participação em sociedade etc.

Já quanto ao inimigo, não obstante este ser mais simples de se caracterizar (agressões físicas, litigantes em processos de injúria, calúnia e difamação), durante muito tempo na Justiça do Trabalho houve acalorada discussão jurisprudencial, no sentido de se equiparar ao inimigo a testemunha que tivesse reclamação trabalhista contra ex-empregador que fosse parte no processo. Hoje, a Súmula 357 sepultou a discussão: "Não torna suspeita a testemunha o simples fato de estar litigando ou de ter litigado contra o mesmo empregador."

9.2.4 Perícia

Algumas vezes o processo necessita da opinião de técnicos, já que nem só os conhecimentos jurídicos bastam para se buscar a verdade.

A perícia é realizada por um perito de confiança do juízo. Isso não quer dizer que o juiz seja obrigado a acatar o laudo apresentado, não obstante quase sempre isso ocorra.

Se o perito é de confiança do juízo, às partes é garantido o direito de se valerem de assistentes técnicos, estes de livre escolha.

As perícias mais comuns no processo trabalhista são as para apurar insalubridade e periculosidade, valor de horas extras e reflexos, além de outras não tão comuns, como a grafotécnica.

Após a realização da perícia, o perito apresenta um laudo, do qual é dado conhecimento às partes para que se pronunciem sobre ele, para apontar irregularidades, pedir esclarecimentos ou discordar do apurado.

9.3 Inspeção judicial

Poderá o juiz, de ofício ou a requerimento da parte, em qualquer fase do processo, inspecionar pessoas ou coisas, a fim de se esclarecer sobre fato que interesse à decisão da causa.

O procedimento da inspeção judicial está regulado no art. 440 e ss. do CPC:

"Art. 440. O juiz, de ofício ou a requerimento da parte, pode, em qualquer fase do processo, inspecionar pessoas ou coisas, a fim de se esclarecer sobre fato, que interesse à decisão da causa".

"Art. 441. Ao realizar a inspeção direta, o juiz poderá ser assistido de um ou mais peritos."

"Art. 442. O juiz irá ao local, onde se encontre a pessoa ou coisa, quando:

I – julgar necessário para a melhor verificação ou interpretação dos fatos que deva observar;

II – a coisa não puder ser apresentada em juízo, sem consideráveis despesas ou graves dificuldades;

III – determinar a reconstituição dos fatos.

Parágrafo único. As partes têm sempre direito a assistir à inspeção, prestando esclarecimentos e fazendo observações que reputem de interesse para a causa."

"Art. 443. Concluída a diligência, o juiz mandará lavrar auto circunstanciado, mencionando nele tudo quanto for útil ao julgamento da causa.

Parágrafo único. O auto poderá ser instruído com desenho, gráfico ou fotografia."

Trata-se de um meio facultativo de prova, já que esta é sempre dirigida ao juiz.

9.4 Prova emprestada

Existem situações em que a realização de uma prova fica prejudicada. São exemplos a realização de perícia de insalubridade em local que já não existe e o depoimento de uma testemunha que faleceu.

Nesses casos, a parte pode se valer da prova realizada em outro processo.

9.5 Razões finais

Encerrada a fase de instrução, com os depoimentos das partes, a oitiva de testemunhas, a prova pericial e até a oitiva do perito em audiência, a CLT prevê que aos litigantes será concedido prazo de 10 minutos para cada um para que apresentem razões finais (art. 850).

É costume que advém da área cível a apresentação das razões finais por escrito, dando-se a este procedimento o nome de memorial.

A importância das razões finais reside no fato de a parte poder demonstrar ao juízo que aquilo por ela alegado foi comprovado pelas provas produzidas. Trata-se de uma derradeira forma de se tentar convencer o juiz.

10
SENTENÇA

SUMÁRIO: 10.1 Atos do juiz na condução do processo: decisórios e não decisórios – 10.2 Estrutura da sentença: 10.2.1 Relatório; 10.2.2 Fundamentação; 10.2.3 Dispositivo – 10.3 Requisitos da sentença: 10.3.1 Clareza; 10.3.2 Certeza; 10.3.3 Exaustividade; 10.3.4 Adequação – 10.4 Classificação – 10.5 Sentenças terminativas e definitivas – 10.6 Coisa julgada.

10.1 Atos do juiz na condução do processo: decisórios e não decisórios

Nos decisórios o magistrado pratica atos que possuem deliberações ou ordens de comando; já os não decisórios são atos administrativos ou até mesmo os poderes de polícia conferidos ao juiz.

Os atos decisórios podem ser divididos em sentenças e decisões interlocutórias.

As sentenças podem ser terminativas ou definitivas. As primeiras resolvem o processo, sem julgar o mérito da causa, e estão previstas no art. 267 do CPC, aplicável subsidiariamente ao processo do trabalho, e que a seguir serão mais bem estudadas.

As decisões interlocutórias são aquelas em que o juiz, no decorrer do processo, resolve questão incidente. Um exemplo seria o juiz, durante uma audiência, diante do requerimento de uma das partes para que se realize uma perícia, indeferir tal requerimento.

Cumpre informar que no processo do trabalho as decisões interlocutórias não são recorríveis de imediato, mas somente no recurso ordinário.

10.2 Estrutura da sentença

Sentença é o ato pelo qual o juiz põe fim ao processo, sendo que o CPC no art. 162 atualmente a define assim:

"§ 1.º Sentença é o ato do juiz que implica alguma das situações previstas nos arts. 267 e 269 desta Lei."

O que será executado é a sentença.

A sentença é composta de três partes: o relatório, a fundamentação e o dispositivo ou conclusão.

Vejamos cada uma das partes da sentença.

10.2.1 Relatório

É a síntese, o resumo do processo. A CLT diz, em seu art. 832, que da decisão deverão constar o nome das partes e o resumo do pedido e da defesa, repetindo de forma mais singela o estatuído no art. 458 do CPC, que assim se pronuncia no seu inciso I:

"Art. 458. São requisitos essenciais da sentença:

I – o relatório, que conterá os nomes das partes, a suma do pedido e da resposta do réu, bem como o registro das principais ocorrências havidas no andamento do processo."

É, portanto, o relatório a exposição simples das ocorrências principais do processo, ou seja, dos fatos e alegações aduzidos pelas partes.

Quanto ao relatório, leciona Ismael Falcão: "Verifica-se, assim, que o juiz terá que fazer um resumo das provas que foram produzidas, os principais acontecimentos havidos no processo durante sua instrução, aí incluindo não somente os fatos alegados pelas partes, as razões jurídicas apresentadas, as provas produzidas, as propostas conciliatórias finais dos contendores, como, do mesmo modo, os eventuais incidentes ocorridos, sejam eles de que ordem tenham sido, posto que o vocábulo, aqui, deve ser tomado em sentido amplo" (*Sentença trabalhista*, 1995, p. 22).

10.2.2 Fundamentação

Nesta parte da sentença, o juiz deverá apreciar todas as questões de fato e de direito, as provas produzidas, desenvolvendo, enfim, todo o seu raciocínio, fundamentado na lei, e, ainda, externando os motivos pelos quais decidiu desta ou daquela forma. A Constituição Federal determina, em seu art. 93, IX, que sejam "fundamentadas todas as decisões, sob pena de nulidade". Na fundamentação, o juiz decidirá tudo o que tiver sido alegado pelas partes, seja na inicial ou na contestação, como nas demais peças produzidas pelas partes.

A CLT, de forma singela, diz que a sentença deverá conter os fundamentos da decisão (art. 832); já o CPC, no art. 458, diz que são requisitos essenciais os fundamentos, em que o juiz analisará as questões de fato e de direito.

A falta de fundamentação torna a sentença nula.

A fundamentação não faz coisa julgada, que ocorre somente com o dispositivo.

A redação da fundamentação deve ser clara e precisa, não devendo se constituir em uma tese ou um tratado, que devem ficar reservados à atividade científica, mas sim se ater ao fim da sentença, qual seja um ato do Poder Judiciário que busca pôr fim a um litígio. Portanto, deve o juiz ser claro e objetivo, desenvolvendo seu raciocínio de forma lógica, e que isso fique ressaltado na fundamentação.

10.2.3 Dispositivo

Esta é a parte mais importante da sentença.

A CLT também, quanto a esta parte da decisão, mantém sua redação simples, pois afirma (art. 832) que deverá o *decisum* conter "a respectiva conclusão". O Código de Processo Civil, no inc. III do art. 458, assevera que é requisito da sentença "o dispositivo, em que o juiz resolverá as questões, que as partes lhe submeterem". Portanto, é no dispositivo, ou conclusão, que o juiz acolherá ou rejeitará o pedido do autor, seja total ou parcialmente. É um resumo, que consta do final da sentença. O que consta do dispositivo é que será executado. Esta parte da sentença transita em julgado, diferentemente, como acima afirmado, do que ocorre com a fundamentação.

É a conclusão uma consequência lógica da fundamentação. Por exemplo, se na fundamentação o juiz afirma que o reclamante provou o trabalho em jornada suplementar, na conclusão ele deverá condenar a reclamada no pagamento de horas extras.

10.3 Requisitos da sentença

Além dos elementos que constituem sua estrutura, a sentença tem alguns requisitos, os quais, se não observados, podem vir a trazer transtornos quando da execução. São eles a clareza, a certeza, a exaustividade e a adequação.

10.3.1 Clareza

É dever do juiz, ao redigir a sentença, primar pela clareza, não perdendo de vista que as partes, a quem é dirigida a decisão, têm o direito de ver resolvidas as questões por elas levadas ao Estado, de vê-las julgadas de forma clara e objetiva, sem que necessitem de exercícios de adivinhação para descobrir o que foi decidido.

Quanto à clareza, leciona Ismael Marinho Falcão: "O juiz não tem necessidade nenhuma de rebuscar seu estilo, pois, sem prejuízo da terminologia jurídica, tem o dever de evitar vocábulos de sentido ambíguo e o uso de neologismo, dando preferência aos termos mais conhecidos da língua pátria, já que o homem de cultura mediana ignora ou desconhece vocábulos que até mesmo os cultos pouco utilizam. Valha-nos a observação do mestre Manoel Antônio Teixeira, de que 'são lamentáveis as sentenças em estilo rebuscado, gongórico, exótico até, pois só podem fazer dificultar a intelecção do que o órgão jurisdicional está pretendendo dizer. A linguagem jurisdicional deve ser clara, leve, inteligível como qualquer outra. Pensamos, mesmo, que alguns juízes (juntamente com alguns advogados) deveriam ser convidados a ler Machado de Assis para deixarem arejar o estilo. Frases curtas e construídas com simplicidade caem bem em qualquer lugar. Pode-se dizer, com simplicidade, as coisas mais complexas e intrincadas; saber manifestar as ideias de maneira clara é, sem dúvida, uma virtude – que poucos possuem, infelizmente. A verborragia (seja fútil ou não) e o cataglotismo são vícios de linguagem a serem combatidos; eventual aliança entre eles – valha-nos, Machado! – produz efeitos catastróficos, no plano da compreensão das ideias'" (op. cit., p. 46).

O juiz, ao julgar, deverá observar o constante nos arts. 128 e 460 do CPC:

"Art. 128. O juiz decidirá a lide nos limites em que foi proposta, sendo-lhe defeso conhecer de questões, não suscitadas, a cujo respeito a lei exige a iniciativa da parte."

"Art. 460. É defeso ao juiz proferir sentença, a favor do autor, de natureza diversa da pedida, bem como condenar o réu em quantidade superior ou em objeto diverso do que lhe foi demandado."

Portanto, os limites da lide são delimitados pelas partes, ficando o julgador restrito, ao julgar, a ditos limites, pois, julgando a mais, a menos ou fora do que foi pedido, estará causando a nulidade da decisão.

10.3.2 Certeza

Determina a lei que a sentença deve ser certa, ainda quando decida relação jurídica condicional (CPC, art. 460, parágrafo único). A decisão não poderá deixar dúvida sobre o que ela está condenando ou não. Por exemplo, se o reclamante pede o pagamento de diferenças salariais em virtude de equiparação salarial com outro empregado, a sentença deverá condenar a reclamada, se ficar provada a referida equiparação, no pagamento das diferenças pleiteadas, levando-se em conta o salário do paradigma apontado na inicial.

10.3.3 Exaustividade

A sentença deve ser exaustiva, isto é, o juiz tem de apreciar todas as questões que lhe foram submetidas, sob pena de infringir o estatuído no art. 5.°, XXXV; da CF. É um direito da parte ver decididas todas as questões levantadas no processo. Trata-se de um direito do cidadão. Não observado o ditame constitucional, a parte deverá lançar mão dos embargos de declaração, uma vez seja a sentença omissa.

10.3.4 Adequação

Como observado acima, o juiz, por força dos arts. 128 e 460 do CPC, não pode julgar além dos limites da lide, pois tais decisões, como visto, são nulas, ou seja, serão *extra petita*, *ultra petita* ou *citra petita*, conforme julguem fora, além ou aquém do pedido. Aqui, também, uma sentença que contenha tais vícios deverá ser atacada via embargos de declaração. Logo, a sentença deverá adequar-se aos limites da lide.

10.4 Classificação

As sentenças podem ser classificadas em condenatórias, constitutivas e declaratórias.

Condenatórias são as que reconhecem a existência de uma obrigação do réu a uma determinada prestação, surgindo, no final, um título judicial executivo.

Constitutivas são as que criam, modificam ou extinguem relações jurídicas.

As declaratórias são as que pronunciam a existência, ou não, de uma relação jurídica.

10.5 Sentenças terminativas e definitivas

Por sentença terminativa entende-se aquela que põe termo à relação processual sem resolução do mérito. É aquela em que não se adentra no mérito das questões. São exemplos: sentença que declara inepta a inicial; um acórdão que anule uma decisão de primeira instância etc.

O CPC trata da matéria nos seguintes dispositivos:

"Art. 267. Extingue-se o processo, sem resolução de mérito:

I – quando o juiz indeferir a petição inicial;

II – quando ficar parado durante mais de 1 (um) ano por negligência das partes;

III – quando, por não promover os atos e diligências que lhe competir, o autor abandonar a causa por mais de 30 (trinta) dias;

IV – quando se verificar a ausência de pressupostos de constituição e de desenvolvimento válido e regular do processo;

V – quando o juiz acolher a alegação de perempção, litispendência ou de coisa julgada;

VI – quando não concorrer qualquer das condições da ação, como a possibilidade jurídica, a legitimidade das partes e o interesse processual;

VII – pela convenção de arbitragem;

VIII – quando o autor desistir da ação;

IX – quando a ação for considerada intransmissível por disposição legal;

X – quando ocorrer confusão entre autor e réu;

XI – nos demais casos prescritos neste Código.

§ 1.º O juiz ordenará, nos casos dos ns. II e III, o arquivamento dos autos, declarando a extinção do processo, se a parte, intimada pessoalmente, não suprir a falta em 48 (quarenta e oito) horas.

§ 2.º No caso do parágrafo anterior, quanto ao n. II, as partes pagarão proporcionalmente as custas e, quanto ao n. III, o autor será condenado ao pagamento das despesas e honorários de advogado (art. 28).

§ 3.º O juiz conhecerá de ofício, em qualquer tempo e grau de jurisdição, enquanto não proferida a sentença de mérito, da matéria constante dos ns. IV, V e VI; todavia, o réu que a não alegar, na primeira oportunidade em que lhe caiba falar nos autos, responderá pelas custas de retardamento.

§ 4.º Depois de decorrido o prazo para a resposta, o autor não poderá, sem o consentimento do réu, desistir da ação."

"Art. 295. A petição inicial será indeferida:

I – quando for inepta;

II – quando a parte for manifestamente ilegítima;

III – quando o autor carecer de interesse processual;

IV – quando o juiz verificar, desde logo, a decadência ou a prescrição (art. 219, § 5.º);

V – quando o tipo de procedimento, escolhido pelo autor, não corresponder à natureza da causa, ou ao valor da ação; caso em que só não será indeferida, se puder adaptar-se ao tipo de procedimento legal;

VI – quando não atendidas as prescrições dos arts. 39, parágrafo único, primeira parte, e 284.

Parágrafo único. Considera-se inepta a petição inicial quando:

I – lhe faltar pedido ou causa de pedir;

II – da narração dos fatos não decorrer logicamente a conclusão;

III – o pedido for juridicamente impossível;

IV – contiver pedidos incompatíveis entre si."

"Art. 301. Compete-lhe, porém, antes de discutir o mérito, alegar:

(...)

III – inépcia da petição inicial;

IV – perempção;

V – litispendência;

VI – coisa julgada;

(...)

VIII – incapacidade da parte, defeito de representação ou falta de autorização;

IX – convenção de arbitragem;

X – carência de ação;

(...)."

Já por sentença definitiva, entende-se aquela que põe fim à relação processual com resolução do mérito.

10.6 Coisa julgada

Ocorre a coisa julgada quando a sentença não comporta mais recursos, seja pela inexistência de apelos previstos em lei ou por motivos como o simples fato de a parte não recorrer, recorrer fora de prazo ou desistir do recurso.

A coisa julgada pode ser formal ou material.

A coisa julgada formal ocorre quando não se pode mais interpor qualquer recurso.

Já a coisa julgada material, segundo o art. 467 do CPC, é "a eficácia, que torna imutável e indiscutível a sentença, não mais sujeita a recurso ordinário ou extraordinário".

A coisa julgada só poderá ser desconstituída por ação rescisória.

11
RECURSOS

Analisando-se o vocábulo *recurso*, temos que ele significa retorno, regresso, volta.

A insatisfação com uma decisão que não lhe agrada é inerente a todo ser humano. Desde cedo a pessoa não se conforma com decisões contrárias ao seu desejo. Assim é quando a criança "recorre" à mãe ou à avó se um pedido dirigido ao pai lhe é negado.

O recurso tem por finalidade a revisão de uma decisão prolatada por um órgão judicial.

Para sua interposição, os recursos devem preencher dois tipos de pressupostos: subjetivo e objetivos.

Pressupostos objetivos são aqueles que dizem respeito ao recurso em si. A parte deve interpor o recurso adequado, e não outro. Apesar disso, existe o princípio da fungibilidade, pelo qual um recurso interposto erroneamente poderá ser aceito desde que não haja evidência de má-fé, ou não seja obra de erro grosseiro da parte recorrente. Ainda quanto aos pressupostos objetivos, temos as formalidades para a interposição dos recursos, como a observância do prazo, o pagamento das custas e o depósito recursal.

Pressuposto subjetivo do recurso é a legitimidade para recorrer, ou seja, a daquele que sofreu alguma sucumbência em virtude da decisão judicial.

A Consolidação das Leis do Trabalho simplificou a forma de interposição dos recursos, afirmando em seu art. 899 que os recursos serão interpostos por simples petição. Agiu assim o legislador porque no processo do trabalho as partes não necessitam, por obrigação legal, de advogados. Logo, os recursos trabalhistas não necessitam, como regra, de fundamentação, ou seja, uma simples petição de inconformismo autoriza a instância superior a rever toda a parte da decisão em que ficou sucumbente o recorrente.

De qualquer modo, é sempre melhor fundamentar os recursos, pois os argumentos, as teses e os julgados poderão convencer mais facilmente o julgador.

Além dos recursos típicos, são cabíveis no processo trabalhista o recurso extraordinário, por ser um recurso constitucional inerente a todas as esferas do direito e da Justiça, os embargos de declaração e o recurso adesivo, este autorizado pela Súmula 283 do TST, que assim dispõe: "Recurso adesivo. Pertinência no processo do trabalho. Correlação de matérias. O recurso adesivo é compatível com o processo do trabalho e cabe, no prazo de 8 (oito) dias, nas hipóteses de interposição de recurso ordinário, de agravo de petição, de revista e de embargos, sendo desnecessário que a matéria nele veiculada esteja relacionada com a do recurso interposto pela parte contrária".

11.1 Embargos de declaração

A fim de serem sanadas irregularidades da sentença, que poderão dificultar sua execução, muitas vezes deverão ser opostos embargos de declaração.

O Código de Processo Civil arrola os embargos de declaração entre os recursos. A CLT trata da questão no art. 897-A.

Cabem embargos de declaração, segundo o CPC (art. 535) e a CLT (art. 897-A), quando na sentença ou no acórdão houver obscuridade, contradição ou omissão em ponto sobre o qual devia o juiz ou o tribunal se ter pronunciado.

Os embargos serão opostos no prazo de cinco dias, sendo que sua oposição interrompe o prazo para a interposição de outros recursos.

A não oposição de embargos poderá acarretar a impossibilidade de se executar uma decisão, caso ela contenha um dos vícios acima.

Exemplo de contradição é o caso de uma sentença na qual, após a fundamentação, o juiz declarar que foi provada a jornada suplementar declarada na inicial e no dispositivo concluir pela improcedência do pedido.

Dá-se a obscuridade quando na sentença falta clareza na exposição, tornando-a ininteligível.

Já a omissão ocorre quando a sentença deixa de apreciar pedido constante da lide, sobre o qual deveria se ter pronunciado. Como exemplo, imaginemos uma reclamação na qual o reclamante peça o pagamento de horas extras e demais integrações e a decisão, reconhecendo o labor suplementar, determine o pagamento deste, mas nada fale sobre as integrações requeridas.

11.2 Recurso ordinário

O recurso ordinário corresponde à apelação do direito processual comum. Este recurso devolve à instância superior toda a matéria discutida, seja ela de direito ou de fato.

Diz o art. 895 da CLT:

"Art. 895. Cabe recurso ordinário para a instância superior:

I – das decisões definitivas ou terminativas das Varas e Juízos, no prazo de 8 (oito) dias;

II – das decisões definitivas ou terminativas dos Tribunais Regionais, em processos de sua competência originária, no prazo de 8 (oito) dias, quer nos dissídios individuais, quer nos dissídios coletivos."

O prazo para a interposição de recurso ordinário é de oito dias, prazo este que é comum a todos os recursos trabalhistas.

O recorrente, se foi vencido totalmente na ação, terá de pagar as custas processuais, cujo valor já vem declarado na decisão.

Se a reclamação foi julgada procedente em parte, desejando o reclamante interpor recurso, não terá ele de pagar as custas, pois estas deverão ser suportadas pela reclamada, que é a parte vencida. No processo do trabalho não existem custas em proporção: elas são pagas sempre pelo vencido, nem que este tenha perdido apenas 1% do pedido (no caso da reclamada).

Diz a lei que as custas devem ser pagas e comprovado seu pagamento junto com o recurso.

Quando o recurso é interposto pela reclamada, esta deve, além de observar o pagamento das custas, efetuar um depósito, chamado de depósito recursal, que consiste no recolhimento de um valor em guia de FGTS, na conta do reclamante, ou, se este não tiver conta no FGTS, será aberta uma apenas para o depósito em questão. A comprovação deve ser feita junto com o recurso.

O valor do depósito é determinado pela Lei 8.542, de 23.12.1992, com a interpretação dada pela IN-TST 3, de 05.03.1993. Este valor sofre reajuste anual no mês de julho. Hoje, para a interposição de recurso ordinário, o valor limite está em R$ 5.357,25, e em R$ 10.714,51 para a interposição de recurso de revista (quanto a este, estudaremos mais adiante).

Isso quer dizer que, se uma sentença trouxer um valor de condenação de R$ 10.000,00, a reclamada terá de recolher R$ 5.357,25.

11.3 Recurso de revista

O recurso de revista tinha no passado a denominação de recurso extraordinário, pois a Justiça do Trabalho era administrativa. Quando ela passou a integrar o Poder Judiciário, o recurso extraordinário teve mudada sua nomenclatura para recurso de revista, para que não se confundisse com o recurso extraordinário, que pode ser interposto junto ao Supremo Tribunal Federal.

Trata-se de um recurso eminentemente técnico, que tem por finalidade a unificação jurisprudencial, e que deve ser interposto, também, no prazo de oito dias.

Ele é tratado no art. 896 da CLT, que ganhou nova redação em virtude da Lei 9.756, de 17.12.1998.

Atente-se para os dizeres da lei:

"Art. 896. Cabe recurso de revista para Turma do Tribunal Superior do Trabalho das decisões proferidas em grau de recurso ordinário, em dissídio individual, pelos Tribunais Regionais do Trabalho, quando:

a) derem ao mesmo dispositivo de lei federal interpretação diversa da que lhe houver dado outro Tribunal Regional, no seu Pleno ou Turma, ou a Seção de Dissídios Individuais do Tribunal Superior do Trabalho, ou a Súmula de Jurisprudência Uniforme dessa Corte;

b) derem ao mesmo dispositivo de lei estadual, convenção coletiva de trabalho, acordo coletivo, sentença normativa ou regulamento empresarial de observância obrigatória, em área territorial que exceda a jurisdição do Tribunal Regional prolator da decisão recorrida, interpretação divergente, na forma da alínea *a*;

c) proferidas com violação literal de disposição de lei federal ou afronta direta e literal à Constituição Federal.

§ 1.º O recurso de revista, dotado de efeito apenas devolutivo, será apresentado ao presidente do Tribunal recorrido, que poderá recebê-lo ou denegá-lo, fundamentando, em qualquer caso, a decisão.

§ 2.º Das decisões proferidas pelos Tribunais Regionais do Trabalho ou por suas Turmas, em execução de sentença, inclusive em processo incidente de embargos de terceiro, não caberá recurso de revista, salvo na hipótese de ofensa direta e literal de norma da Constituição Federal.

§ 3.º Os Tribunais Regionais do Trabalho procederão, obrigatoriamente, à uniformização de sua jurisprudência, nos termos do Livro I, Título IX, Capítulo I, do CPC, não servindo a súmula respectiva para ensejar a admissibilidade do recurso de revista quando contrariar Súmula da Jurisprudência Uniforme do Tribunal Superior do Trabalho.

§ 4.º A divergência apta a ensejar o recurso de revista deve ser atual, não se considerando como tal a ultrapassada por súmula, ou superada por iterativa e notória jurisprudência do Tribunal Superior do Trabalho.

§ 5.º Estando a decisão recorrida em consonância com enunciado da Súmula da Jurisprudência do Tribunal Superior do Trabalho, poderá o ministro relator, indicando-o, negar seguimento ao recurso de revista, aos embargos ou ao agravo de instrumento. Será denegado seguimento ao recurso nas hipóteses de intempestividade, deserção, falta de alçada e ilegitimidade de representação, cabendo a interposição de agravo.

§ 6.º Nas causas sujeitas ao procedimento sumaríssimo, somente será admitido recurso de revista por contrariedade a súmula de jurisprudência uniforme do Tribunal Superior do Trabalho e violação direta da Constituição da República."

Como se vê, só caberá o recurso de revista em decisões prolatadas em recurso ordinário, exceção feita à que julga agravo de petição, desde que tenha havido ofensa direta e literal de norma constitucional.

Interposta com fulcro na alínea *a* do art. 896, a revista deverá ser embasada em acórdão de outro Tribunal Regional (de Turmas ou do Pleno) ou da Seção de Dissídios Individuais do Tribunal Superior do Trabalho, ou, ainda, ser o recurso fundamentado em Súmula do mesmo TST.

E a Súmula 337 do TST explicita a forma para a interposição de recurso de revista com fulcro na alínea *a* do art. 896 da CLT:

"337. Comprovação de divergência jurisprudencial. Recursos de revista e de embargos (Incorporada a OJ 317 da SDI-1).

I – Para comprovação da divergência justificadora do recurso, é necessário que o recorrente:

a) Junte certidão ou cópia autenticada do acórdão paradigma ou cite a fonte oficial ou o repositório autorizado em que foi publicado; e

b) Transcreva, nas razões recursais, as ementas e/ou trechos dos acórdãos trazidos à configuração do dissídio, demonstrando o conflito de teses que justifique o conhecimento do recurso, ainda que os acórdãos já se encontrem nos autos ou venham a ser juntados com o recurso. (ex-Súmula 337 – Res. 121/2003, *DJ* 21.11.2003.)

II – A concessão de registro de publicação como repositório autorizado de jurisprudência do TST torna válidas todas as suas edições anteriores (ex-OJ 317 – *DJ* 11.08.2003). (Súmula com redação determinada pela Res. 129/2005, *DJU* 20.04.2005).

III – A mera indicação da data de publicação, em fonte oficial, de aresto paradigma é inválida para comprovação de divergência jurisprudencial, nos termos do item I, *a*, desta súmula, quando a parte pretende demonstrar o conflito de teses mediante a transcrição de trechos que integram a fundamentação do acórdão divergente, uma vez que só se publicam o dispositivo e a ementa dos acórdãos;

IV – É válida para a comprovação da divergência jurisprudencial justificadora do recurso a indicação de aresto extraído de repositório oficial na internet, desde que o recorrente:

a) transcreva o trecho divergente;

b) aponte o sítio de onde foi extraído; e

c) decline o número do processo, o órgão prolator do acórdão e a data da respectiva publicação no Diário Eletrônico da Justiça do Trabalho." (Itens III e IV com redação determinada pela Res. 185/2012, *DEJT* 25, 26 e 27.09.2012.)

Portanto, para interpor recurso de revista com esse fundamento, a parte deverá citar um acórdão de outro Tribunal Regional, ou da Seção de Dissídios Individuais do TST, devendo, ainda, juntar certidão comprobatória da autenticidade do julgado, ou citar a fonte oficial (diários oficiais), repositório autorizado (revistas autorizadas pelos tribunais superiores) e tqambém por julgado extraído da internet, obedecendo-se o acima disposto..

Deverá, ainda, o recorrente transcrever nas razões de recurso a ementa e/ou trechos do acórdão, demonstrando as teses que identifiquem os casos confrontados, ou seja, deverá demonstrar o porquê de o decidido no outro julgado ser mais correto do que o decidido no processo em discussão.

Se o recurso de revista for fundamentado em enunciado do TST, basta a sua indicação no corpo das razões de recurso.

É difícil encontrarmos recurso de revista com base na letra *b* do art. 896 da CLT, motivo pelo qual, pelo caráter prático deste livro, deixamos de fazer comentários.

Já quanto à alínea *c* do citado art. 896 da CLT, ocorre em número razoável de vezes a interposição de recurso de revista. Como se vê, caberá a revista quando a decisão for proferida com violação literal de disposição de lei federal ou afronta direta e literal à Constituição Federal.

Logo, tratando-se de lei federal, basta o julgador ter contrariado a literalidade da lei, sendo que a infração à lei deve ser clara, evidente, flagrante, e não mera interpretação do texto legal.

Quanto à ofensa à Constituição Federal, ela deve ser direta e literal, e não indireta ou disfarçada.

No tocante ao depósito recursal, para melhor compreensão, vamos apresentar três exemplos:

Primeiro exemplo: reclamação julgada procedente, com valor da condenação em R$ 6.000,00. A reclamada interpõe recurso ordinário, recolhendo a quantia de R$ 5.357,25. O Tribunal Regional nega provimento ao recurso. A reclamada interpõe recurso de revista, e, para tanto, terá de recolher a diferença para completar os R$ 6.000,00, já que não houve acréscimo pelo TRT.

Segundo exemplo: reclamação julgada procedente, com valor da condenação fixado em R$ 10.000,00. A reclamada interpõe recurso ordinário, recolhendo R$ 5.357,25. O TRT nega provimento ao recurso ordinário. A reclamada interpõe recurso de revista, e, neste caso, deverá recolher a diferença, que é o complemento até o valor-teto da condenação.

Terceiro exemplo: reclamação julgada improcedente, valor da condenação em R$ 20.000,00. O reclamante interpõe recurso ordinário, ao qual é dado provimento. A reclamada, agora, caso recorra, terá de recolher R$ 10.714,51, pois nada havia recolhido, uma vez que não tinha interposto recurso ordinário.

Os valores para os depósitos são meramente exemplificativos, pois a cada ano a partir de 1.º de agosto os mesmos sofrem alteração. Recomendamos acessar o site do Tribunal Superior do Trabalho para saber o valor exato do Depósito Recursal.

O entendimento é no sentido de que a cada novo recurso deve-se efetuar o depósito do teto previsto em lei, desde que não ultrapasse o valor da condenação.

O entendimento supra é baseado na Súmula 128 do TST. Da mesma forma que as custas, o depósito da condenação deve ser complementado até o limite legal se acrescida a condenação pelo acórdão regional, sob pena de deserção.

E é no final da norma que se baseiam aqueles que esposam o entendimento supra.

Do mesmo entendimento, assim se pronunciam Wagner Giglio e Sérgio Pinto Martins:

"Nada obstante, a Instrução Normativa 3 solucionou dúvidas, do ponto de vista prático, senão vejamos.

"O depósito recursal se faz no montante da condenação: se esta for de valor igual ou inferior ao limite legal (originalmente de Cr$ 20.000.000,00 e, no momento em que escrevemos, de R$ 2.446,86), o depósito será do total no primeiro recurso interposto, e nenhum outro valor poderá ser exigido, para a interposição de qualquer recurso posterior (revista, embargos infringentes ou extraordinário), no mesmo processo, salvo se houver acréscimo da condenação, no julgamento do recurso. Se, contudo, o valor da condenação ultrapassar o limite fixado para o depósito, este deverá ser complementado, em caso de novo recurso, até atingir o total da condenação ou o segundo limite legal (originalmente, de Cr$ 40.000.000,00; atualmente, de R$ 4.893,72), considerando o valor nominal remanescente de condenação" (Wagner Giglio, *Direito processual do trabalho*, 8. ed., p. 403).

"Se o valor da condenação arbitrado para efeito de custas for superior a R$ 2.591,71 (recurso ordinário) ou R$ 5.183,42 (demais recursos), o depósito será feito nesses limites. Se o valor da condenação for inferior a esses limites, deverá ser depositado o valor da condenação. Uma vez atingindo o valor da condenação, não há mais necessidade de qualquer depósito para a empresa recorrer" (Sérgio Pinto Martins, *Comentários à Consolidação das Leis do Trabalho*, p. 869).

11.4 Embargos (no TST)

Este recurso tem lugar apenas no Tribunal Superior do Trabalho, cabendo das decisões divergentes das turmas ou destas com decisões da Seção de Dissídios Individuais, ou, ainda, com enunciados, e contra as que violarem literal preceito de lei federal ou da Constituição (art. 894 da CLT). O prazo é também de oito dias a contar da publicação da conclusão do acórdão.

Os embargos visam a eliminar as divergências de interpretação entre decisões de Turmas do TST.

Tudo que foi estudado quanto ao depósito recursal tem cabimento aqui, já que o teto para a interposição deste recurso é o mesmo do de revista (R$ 10.714,51).

Todo o procedimento supra é previsto no art. 894, II, da CLT, ou seja, para os dissídios individuais; para os dissídios coletivos, o inciso I é que regula o procedimento. No caso dos primeiros (dissídios individuais), recebem o nome de embargos de divergência; no dos segundos, embargos infringentes. Estes são cabíveis na seção normativa do TST contra decisão não unânime proferida em processo de dissídio coletivo de sua competência originária, salvo se a decisão atacada estiver em consonância com precedente jurisprudencial do Tribunal Superior do Trabalho ou de Súmula do mesmo Tribunal. Para melhor compreensão do assunto, é necessário consultar o Regimento Interno do TST.

11.5 Agravo

Agravo é o nome dado a uma das espécies de recursos previstos na CLT.

A CLT prevê este recurso no art. 897:

"Art. 897. Cabe agravo, no prazo de 8 (oito) dias:

a) de petição, das decisões do juiz ou presidente, nas execuções;

b) de instrumento, dos despachos que denegarem a interposição de recursos.

§ 1.º O agravo de petição só será recebido quando o agravante delimitar, justificadamente, as matérias e os valores impugnados, permitida a execução imediata da parte remanescente até o final, nos próprios autos ou por carta de sentença.

§ 2.º O agravo de instrumento interposto contra o despacho que não receber agravo de petição não suspende a execução da sentença.

§ 3.º Na hipótese da alínea *a* deste artigo, o agravo será julgado pelo próprio tribunal, presidido pela autoridade recorrida, salvo se se tratar de decisão de Juiz do Trabalho de 1.ª Instância ou de Juiz de Direito, quando o julgamento competirá a uma das Turmas do Tribunal Regional a que estiver subordinado o prolator da sentença, observado o disposto no art. 679, a quem este remeterá as peças necessárias para o exame da matéria controvertida, em autos apartados, ou nos próprios autos, se tiver sido determinada a extração de carta de sentença.

§ 4.º Na hipótese da alínea *b* deste artigo, o agravo será julgado pelo Tribunal que seria competente para conhecer o recurso cuja interposição foi denegada.

§ 5.º Sob pena de não conhecimento, as partes promoverão a formação do instrumento do agravo de modo a possibilitar, caso provido, o imediato julgamento do recurso denegado, instruindo a petição de interposição:

I – obrigatoriamente, com cópias da decisão agravada, da certidão da respectiva intimação, das procurações outorgadas aos advogados do agravante e do agravado, da petição inicial, da contestação, da decisão originária, do depósito recursal referente ao recurso que se pretende destrancar, da comprovação do recolhimento das custas e do depósito recursal a que se refere o § 7.º do art. 899 desta Consolidação;

II – facultativamente, com outras peças que o agravante reputar úteis ao deslinde da matéria de mérito controvertida.

§ 6.º O agravado será intimado para oferecer resposta ao agravo e ao recurso principal, instruindo-a com as peças que considerar necessárias ao julgamento de ambos os recursos.

§ 7.º Provido o agravo, a Turma deliberará sobre o julgamento do recurso principal, observando-se, se for o caso, daí em diante, o procedimento relativo a esse recurso.

§ 8.º Quando o agravo de petição versar apenas sobre as contribuições sociais, o juiz da execução determinará a extração de cópias das peças necessárias, que serão autuadas em apartado, conforme dispõe o § 3.º, parte final, e remetidas à instância superior para apreciação, após contraminuta."

Como se vê, o agravo é de dois tipos: de instrumento e de petição.

O agravo de instrumento tem finalidade diversa daquela do processo civil. Neste, sua finalidade é a de atacar as decisões interlocutórias. No processo do trabalho, tais decisões são irrecorríveis. A função do agravo de instrumento na Justiça do Trabalho está restrita ao destrancamento de recurso, visando a sua subida para o órgão *ad quem*, tendo em vista sua denegação pelo juízo *a quo*. Imaginemos um recurso ordinário interposto contra decisão de primeira instância no oitavo dia do prazo, que o juiz entende intempestivo, negando seu processamento. Neste caso cabe o agravo de instrumento. O prazo para a interposição do agravo é de oito dias a contar da ciência do despacho denegatório.

O agravo deverá ser formado levando-se em conta o previsto no art. 897, § 5.º, da CLT, que trata das peças necessárias para a formação do instrumento.

Ao juiz é dado reconsiderar sua decisão, ou seja, cabe no agravo de instrumento o juízo de retratação.

Todavia, mesmo que o agravo seja intempestivo ou faltem peças essenciais a sua formação, o juiz não poderá denegar o seu processamento, pois somente o juízo *ad quem* poderá examinar tais requisitos e não conhecer do recurso.

Já o agravo de petição é o recurso cabível na fase de execução.

Para a interposição de agravo de petição, a parte deverá obedecer ao previsto no art. 897, § 1.º, da CLT, ou seja, deverá delimitar, justificadamente, as matérias e os valores impugnados, sendo permitida a execução imediata da parte remanescente até o final, nos próprios autos ou por carta de sentença.

O mais comum é a interposição de agravo de petição contra a sentença que julga os embargos à execução. Poderá, também, ser interposto contra decisão que traga prejuízo à parte, como pedido de reavaliação, substituição de penhora etc. Aqui cumpre esclarecer que tais decisões têm caráter de interlocutórias, mas mesmo assim cabe a interposição do agravo de petição, uma vez que o art. 897, *a*, é claro ao afirmar seu cabimento ante as decisões do juiz ou presidente nas execuções.

Para a sua interposição, não haverá custas. Quanto ao depósito recursal, estando o juízo garantido por penhora, também não haverá necessidade, salvo se houver acréscimo na condenação, conforme prevê a IN-TST 3.

E a hipótese supra poderá vir a ocorrer quando a sentença de liquidação fixa a dívida, digamos, em R$ 10.000,00, garantida a execução por penhora, e o credor impugna aquele valor pretendendo receber R$ 15.000,00. O devedor embarga a execução, entendendo dever R$ 8.000,00. A sentença, que julga a impugnação e os embargos (uma única sentença), fixa o valor da condenação em R$ 15.000,00. Para interpor o agravo de petição, o devedor terá de efetuar o depósito recursal em guia de FGTS, sem a limitação de teto, mas até a garantia da dívida. Neste nosso exemplo, o agravante terá de depositar R$ 5.000,00.

Contra o despacho que denega seguimento ao agravo de petição cabe agravo de instrumento. Note-se que este agravo não suspenderá a execução, sendo esta definitiva, consoante o disposto no § 2.º do art. 897 da CLT: "O agravo de instrumento interposto contra o despacho que não receber agravo de petição não suspende a execução da sentença".

A explicação aqui é simples. O art. 899 da CLT afirma que os recursos têm efeito meramente devolutivo, permitida a execução provisória até a penhora. Esta é norma geral a todos os recursos e anterior à redação do § 2.º do art. 897, que teve seu texto incluído na Consolidação por força da Lei 8.432, de 1992, sendo, portanto, norma posterior e específica para o agravo de petição. E mais. Na fase do agravo de petição, o juízo encontra-se garantido pela penhora ou por depósito em dinheiro. Logo, o passo seguinte é o praceamento dos bens ou a liberação do valor ao credor.

Corroborando o entendimento supra, veja-se o que foi decidido pela Justiça do Trabalho: "Execução. Agravo de instrumento. O agravo de instrumento contra despacho que não recebe agravo de petição não suspende a execução da sentença (CLT, art. 897, § 2.º). Ao juiz não é facultado tornar provisória a execução de sentença transitada em julgado e que, por isso, tem o caráter de definitiva" (TRT-3.ª Reg., MS 12493, rel. Min. José Menotti Gaetani, in Irany Ferrari, Melchíades Martins, *Julgados trabalhistas selecionados*, vol. 2, p. 355).

11.6 Reclamação correicional

Este não é um recurso propriamente dito, mas sim um apelo administrativo, utilizado contra os atos praticados contra a boa ordem processual e contra os quais não tenha sido previsto recurso na lei.

O prazo para a interposição desta medida vem previsto nos regimentos internos dos tribunais, sendo geralmente de cinco dias.

A reclamação correicional é julgada pelo juiz corregedor, devendo conter a procuração e demais peças necessárias ao julgamento do pedido. Na 2.ª Região, o regimento interno determina que o pedido correicional seja protocolado na 1.ª instância, podendo o juiz reconsiderar sua decisão, com o que não se processa a correição parcial.

11.7 Agravo regimental

É o instrumento processual a ser utilizado quando das decisões monocráticas prolatadas nos tribunais. Tem previsão no CPC (art. 532) e também nos regimentos internos dos tribunais. É o recurso cabível, por exemplo, contra a decisão que julga improcedente correição parcial.

No TST, é cabível o agravo regimental contra o despacho do juiz relator que negar prosseguimento ao recurso. Cabe, ainda, nesta Corte, por força da Lei 7.701/1988 (art. 3.º, III), quando o presidente de Turma denegar seguimento ao recurso de embargos.

O regimento interno do TST determina que o prazo para a interposição de agravo regimental será de oito dias. Além das duas hipóteses mencionadas no parágrafo anterior, caberá o agravo na Corte Superior Trabalhista nos seguintes casos: do despacho do presidente do Tribunal ou de Turma que denegar seguimento a recurso de embargos; do despacho do presidente do Tribunal que suspende execução de liminares; ou de decisão concessiva de mandado de segurança (art. 375 e §§).

11.8 Recurso adesivo

O recurso adesivo está previsto no art. 500 do CPC, que tem aplicação subsidiária ao processo do trabalho. O TST tem súmula que trata do tema: "283. Recurso adesivo. Pertinência no processo do trabalho. Correlação de matérias. (Revisão da Súmula 196.) O recurso adesivo é compatível com o processo do trabalho e cabe, no prazo de 8 (oito) dias, nas hipóteses de interposição de recurso ordinário, de agravo de petição, de revista e de embargos, sendo desnecessário que a matéria nele veiculada esteja relacionada com a do recurso interposto pela parte contrária".

O prazo para interpor recurso adesivo é de oito dias da notificação para apresentação de contrarrazões.

O recurso adesivo é utilizável quando, havendo sucumbência recíproca (cada parte perdeu algo) e uma das partes resolveu não recorrer (ou perdeu o prazo), como a outra interpõe recurso, aquela se aproveita deste recurso para interpor o seu. Havendo desistência do recurso principal, o adesivo não será conhecido. Ao recurso adesivo se aplicam as disposições acerca dos pressupostos objetivos (custas e depósito recursal).

12
PROCEDIMENTOS ESPECIAIS

12.1 Inquérito para apuração de falta grave

O inquérito é uma ação proposta pelo empregador contra o empregado estável, quando este comete falta grave.

Existem, após a Constituição de 1988, apenas as estabilidades ditas provisórias, pois a decenal não mais existe no sistema jurídico brasileiro, pois substituída pelo sistema do FGTS. (art. 7.º, III, da CF).

São exemplos de empregados estáveis a gestante, o dirigente sindical, os representantes dos empregados nas CIPAs e os diretores eleitos de cooperativas, ou ainda se constar dos contratos individuais ou das convenções e acordos coletivos e das sentenças normativas.

Nosso entendimento é o de que, atualmente, para poder despedir o empregado estável, quando cometer falta grave, só haverá a necessidade da propositura do inquérito em se tratando dos dirigentes sindicais e dos diretores de cooperativas. Quanto às demais estabilidades, cometendo justa causa, o empregador poderá despedir imediatamente o empregado.

Falta grave não é mais do que justa causa, sendo apenas uma diferenciação para distinguir o ato faltoso praticado pelo empregado estável e pelo não estável. O empregador, diante da falta grave cometida pelo empregado, poderá suspendê-lo das funções, conforme prevê o art. 494 da CLT:

"Art. 494. O empregado acusado de falta grave poderá ser suspenso de suas funções, mas a sua despedida só se tornará efetiva após o inquérito em que se verifique a procedência da acusação.

Parágrafo único. A suspensão, no caso deste artigo, perdurará até a decisão final do processo."

Optando pela suspensão (note-se que a lei diz "poderá"), o empregador terá 30 dias para propor o inquérito, conforme determina o art. 853 da CLT: "Art. 853. Para a instauração do inquérito para apuração de falta grave contra empregado garantido com estabilidade, o empregador apresentará reclamação por escrito à Junta ou Juízo de Direito, dentro de 30 (trinta) dias, contados da data da suspensão do empregado".

O prazo acima é decadencial, conforme doutrina majoritária (contra, por exemplo, Wagner Giglio, que entende ser prazo prescricional).

A ação será proposta através de petição escrita (aqui não cabe o procedimento verbal), sendo que as custas devem ser pagas após o trânsito em julgado ou, no caso de recurso, pagas e comprovadas dentro do prazo deste.

Diferentemente da reclamação trabalhista, em que cada parte pode apresentar até 3 (três) testemunhas, no inquérito este número sobe para 6 (seis).

Durante o tempo em que durar a ação, o empregado não recebe salário. Sendo julgada improcedente, o empregador terá de pagar os salários, com os reflexos em férias, 13.º e FGTS. Se procedente, o contrato será considerado extinto na data da propositura do inquérito.

12.2 Ação de consignação em pagamento

Esta ação é movida pelo devedor contra o credor, quando este se nega ou dificulta o pagamento ou cumprimento da obrigação. É uma ação muito comum na Justiça do Trabalho, quando os empregados não comparecem na data para receber as verbas rescisórias.

Cabe também a consignação no caso de coisas, por exemplo, objetos do empregado que foram deixados na empresa, mesmo após a rescisão do contrato. A petição inicial da ação de consignação em pagamento obedecerá à forma prevista na CLT (art. 840, § 1.º).

O CPC traz inovação imposta pela Lei 8.951/1994, que é a possibilidade de consignação extrajudicial, que, a nosso ver, não tem cabimento no processo do trabalho, pois é vedada ao empregado a renúncia de direitos, salvo se feita em juízo e por este homologada.

Proposta a ação de consignação, o autor deverá requerer ao juiz que seja marcada diligência, notificando-se o réu para receber o valor. O Código de Processo Civil determina que, após deferida a consignação, o autor terá cinco dias para efetuar o depósito, sendo o réu citado para receber ou contestar o pedido em audiência.

Como na Justiça do Trabalho o juiz só toma conhecimento da ação em audiência, na prática é a partir desta que tem início o prazo para o depósito.

Nosso conselho é para que o autor faça pedido alternativo, ou seja, que requeira a expedição de guia para depositar o valor ou que seja designada audiência para que ofereça a quantia que entenda devida.

De qualquer modo haverá audiência, sendo que o credor nesta poderá comparecer e receber o valor (depositado ou pago nesse momento), recusar o recebimento e aí, contestando a ação, alegar que não houve recusa ou que tenha havido motivo justo para esta, ou que o depósito não foi feito no prazo ou lugar do pagamento, e, por último, que o depósito não é integral, devendo, neste caso, indicar o montante devido.

Pelo procedimento previsto no Código de Processo Civil, o credor pode, mesmo contestando, levantar o valor depositado, continuando o processo. Na prática, temos visto que o depósito só é liberado após o trânsito em julgado. Cabe também ação de consignação quando o devedor tem dúvidas a quem deva pagar.

12.3 Ação rescisória

O art. 836 da CLT autoriza a aplicação do direito processual civil como subsidiário para a ação rescisória no processo do trabalho: "Art. 836. É vedado aos órgãos da Justiça do Trabalho conhecer de questões já decididas, excetuados os casos expressamente previstos neste Título e a ação rescisória, que será admitida na forma do disposto no Capítulo IV do Título IX da Lei 5.869, de 11 de janeiro de 1973 – Código de Processo Civil, sujeita ao depósito prévio de 20% (vinte por cento) do valor da causa, salvo prova de miserabilidade jurídica do autor".

A ação rescisória é um remédio processual excepcional que tem por finalidade desconstituir a coisa julgada. Não se trata de recurso, mas sim de uma verdadeira ação.

As hipóteses para a propositura de uma ação rescisória estão previstas no art. 485 do CPC:

"Art. 485. A sentença de mérito, transitada em julgado, pode ser rescindida quando:

I – se verificar que foi dada por prevaricação, concussão ou corrupção do juiz;

II – proferida por juiz impedido ou absolutamente incompetente;

III – resultar de dolo da parte vencedora em detrimento da parte vencida, ou de colusão entre as partes, a fim de fraudar a lei;

IV – ofender a coisa julgada;

V – violar literal disposição de lei;

VI – se fundar em prova, cuja falsidade tenha sido apurada em processo criminal ou seja provada na própria ação rescisória;

VII – depois da sentença, o autor obtiver documento novo, cuja existência ignorava, ou de que não pôde fazer uso, capaz, por si só, de lhe assegurar pronunciamento favorável;

VIII – houver fundamento para invalidar confissão, desistência ou transação, em que se baseou a sentença;

IX – fundada em erro de fato, resultante de atos ou de documentos da causa.

§ 1.º Há erro, quando a sentença admitir um fato inexistente, ou quando considerar inexistente um fato efetivamente ocorrido.

§ 2.º É indispensável, num como noutro caso, que não tenha havido controvérsia, nem pronunciamento judicial sobre o fato."

O prazo para a propositura de uma ação rescisória é de dois anos após o trânsito em julgado da decisão.

No processo do trabalho há a necessidade de se fazer depósito de 20% sobre o valor da causa, conforme alteração do art. 836 da CLT, de 2007.

A petição deverá ser instruída com certidão do trânsito em julgado, sob pena de inépcia.

Não contestada uma ação rescisória, os efeitos da revelia não ocorrerão.

12.4 Mandado de segurança

O mandado de segurança é regulamentado pela Lei 12.016/2009, é utilizável quando há ilegalidade ou arbítrio de autoridade (coatora), e seu prazo de interposição é de 120 dias (prazo decadencial). A competência é das varas do trabalho, dos tribunais regionais e do TST. Trata-se de um remédio processual de larga utilização no processo do trabalho. É cabível quando há atos ilegais ou abusivos de autoridade, que desrespeita direito líquido e certo do impetrante.

Com a EC 45/2004, as varas do trabalho têm competência para conhecer e julgar mandado de segurança contra atos de autoridades administrativas, como por exemplo, autuações dos auditores do Ministério do Trabalho. No final deste livro há um mandado de segurança deste tipo.

12.5 Ação monitória

A ação monitória é instituto do direito processual civil que tem plena aplicação no processo do trabalho. É um meio pelo qual um credor, que detenha uma prova documental que comprove seu crédito, poderá requerer ao juiz que lhe defira de plano a expedição de mandado de pagamento ou de entrega de coisa fungível ou de determinado bem móvel em 15 dias, satisfazendo assim um direito seu.

Em se tratando de título executivo extrajudicial, não haverá necessidade de monitória. Neste sentido dispõe o CPC: "Art. 576. A execução, fundada em título extrajudicial, será processada perante o juízo competente, na conformidade do disposto no Livro I, Título IV, Capítulos II e III".

Qualquer documento que comprove uma dívida, como uma confissão de dívida, por exemplo, está apto a fundamentar um procedimento monitório.

Imaginemos um caso em que a empresa celebra um acordo com seu empregado, pelo qual pagará as verbas rescisórias em três parcelas. Não cumprindo o acordo, o empregado poderá valer-se da ação monitória (art. 1.102-A do CPC) para a cobrança de seu crédito, sem ter de passar por toda a fase de conhecimento de uma reclamação trabalhista.

13
AÇÕES CAUTELARES

SUMÁRIO: 13.1 Cautelares específicas – 13.2 Cautelares do direito processual civil.

13.1 Cautelares específicas

Damos o nome de cautelares específicas do processo do trabalho às previstas nos incisos IX e X do art. 659 da CLT:

"Art. 659. Competem privativamente aos presidentes das Juntas, além das que lhes forem conferidas neste Título e das decorrentes de seu cargo, as seguintes atribuições:

(...)

IX – conceder medida liminar, até decisão final do processo, em reclamações trabalhistas que visem a tornar sem efeito transferência disciplinada pelos parágrafos do art. 469 desta Consolidação;

X – conceder medida liminar, até decisão final do processo, em reclamações trabalhistas que visem reintegrar no emprego dirigente sindical afastado, suspenso ou dispensado pelo empregador."

As duas medidas cautelares supra são pedidas liminarmente em reclamação trabalhista, ou seja, diferentemente das ações cautelares previstas no Código de Processo Civil, que são propostas como ações autônomas, no processo do trabalho. Nas duas hipóteses, o empregado move reclamação trabalhista visando a sua não transferência ou a reintegração, no caso de ser dirigente sindical.

Portanto, propõe-se a reclamação em que se discutirá a abusividade da transferência ou a reintegração do dirigente sindical, pedindo-se, liminarmente, que sejam tais requerimentos deferidos antes do julgamento final da reclamação.

13.2 Cautelares do direito processual civil

Além dos dois casos previstos na CLT e estudados no item anterior, várias outras situações podem ocorrer durante uma reclamação trabalhista, as quais não podem aguardar a decisão final.

Para propor uma ação cautelar, há necessidade de preencher dois pressupostos: o *fumus boni juris* e o *periculum in mora*. O primeiro é a fumaça do bom direito, ou seja, a provável existência de um direito que será objeto do processo principal; o segundo caracteriza-se pelo fato de que a demora na solução de uma ação poderá trazer um prejuízo irremediável.

O Código de Processo Civil traz cautelares específicas, sendo que as mais comuns no processo do trabalho são o arresto, o sequestro, a produção antecipada de provas, a exibição, o protesto, a notificação e a interpelação.

O arresto tem lugar quando o devedor tenta alienar bens para não pagar dívidas, intenta ausentar-se ou não paga obrigação no prazo determinado, contrai ou tenta contrair dívidas extraordinárias, põe ou tenta colocar seus bens em nome de terceiro ou comete qualquer artifício ou ato fraudulento com a finalidade de frustrar a execução ou lesar os credores, e, por fim, tendo imóveis, pretenda aliená-los sem ficar com bens suficientes para o pagamento das dívidas.

O sequestro tem a finalidade de evitar que um bem objeto da ação desapareça ou pereça. Exemplifiquemos com um veículo que é cedido ao empregado, e este, mesmo após a rescisão do contrato de trabalho, não o devolve.

A produção antecipada de provas cabe quando o depoimento das partes ou das testemunhas deva ser realizado antes, em razão de mudança, idade ou moléstia grave, quando houver receio que ao tempo da instrução já não mais existam ou não possam depor. É cabível, também, no caso de exame pericial, quando, por exemplo, em uma perícia de insalubridade, a empresa esteja mudando de local ou alterando o ambiente onde o empregado trabalhava.

A exibição consiste na apresentação de documentos ou bens móveis em juízo. São exemplos os pedidos de exibição dos depósitos no FGTS, dos cartões de ponto e do contrato de trabalho assinado pelo empregado quando o empregador não lhe deu uma cópia.

O protesto é muito útil para o caso de se desejar interromper a prescrição. Neste caso, se um ex-empregado quer propor uma ação, mas se encontra fora do Brasil e está para prescrever seu direito de ação, o protesto poderá ser utilizado para interromper a prescrição.

Assim se pronuncia o CPC: "Art. 867. Todo aquele que desejar prevenir responsabilidade, prover a conservação e ressalva de seus direitos ou manifestar qualquer intenção de modo formal, poderá fazer por escrito o seu protesto, em petição dirigida ao juiz, e requerer que do mesmo se intime a quem de direito".

A notificação poderá ser usada para a convocação de empregado que abandonou o serviço, e a interpelação terá lugar quando o empregado quiser indagar do empregador se este pretende transferir seu estabelecimento para outra localidade. São dois procedimentos para prevenir direitos.

14
EXECUÇÃO

SUMÁRIO: 14.1 Fase de execução – 14.2 Conceito – 14.3 Legitimidade – 14.4 Fase de liquidação: 14.4.1 Enquadramento da liquidação; 14.4.2 Formas de liquidação – 14.5 Penhora – 14.6 Embargos – 14.7 Trâmites finais da execução: 14.7.1 Adjudicação; 14.7.2 Remição; 14.7.3 Embargos à arrematação e à adjudicação – 14.8 Embargos de terceiro.

14.1 Fase de execução

No processo do trabalho, sempre foi nosso entendimento que a execução é mera continuação da fase de conhecimento, não se constituindo em um processo autônomo, como ocorria no processo civil. Aliás, neste, agora, a execução da sentença também se constitui em fase processual, e não mais processo autônomo.

14.2 Conceito

Execução é o cumprimento de uma obrigação pelo seu devedor, podendo ser espontânea ou forçada.

14.3 Legitimidade

Atentemo-nos para os termos do art. 878 da CLT: "Art. 878. A execução poderá ser promovida por qualquer interessado, ou *ex officio* pelo próprio juiz ou presidente ou Tribunal competente, nos termos do artigo anterior".

Analisemos os dizeres da lei.

Em primeiro lugar, qualquer interessado, quer dizer, tanto o reclamante quanto a reclamada, pode dar *início* à execução. Ora, caso o credor não dê início à cobrança de seu crédito, pode o devedor apresentar a conta de liquidação, requerendo a intimação daquele para receber dita quantia.

A lei, como se vê, fala em qualquer interessado, o que faz pressupor que ela não se restringe apenas às partes. Podem dar início à execução o espólio, os herdeiros e sucessores, os cessionários, os sub-rogados e a Procuradoria da Justiça do Trabalho. Quanto à última, a prerrogativa de dar início à execução restringe-se à hipótese prevista no parágrafo único do art. 878 da CLT: "Quando se tratar de decisão dos Tribunais Regionais, a execução poderá ser promovida pela Procuradoria da Justiça do Trabalho".

Não dando as partes início à execução, permite a lei que o juiz a inicie *ex officio*. Como se vê acima pela leitura da lei, diz ela que o juiz *poderá*, o que deixa claro ser uma faculdade e não uma obrigação.

Assim se pronuncia José Augusto Rodrigues Pinto (*Execução trabalhista*, 3. ed., 1988, p. 53):

"A opinião de alguns sobre se tratar de um dever imposto pelo juiz não se compadece com a falta de imperatividade do texto legal (CLT, art. 878), em que usou a expressão *poderá*.

"Decerto, nos planos social e moral, é lícito esperar-se que o juiz utilize sempre essa faculdade, e com presteza, pelo que beneficia, via de regra, ao economicamente fraco e imprime rapidez ao processo para o desfecho do conflito do trabalho. A firme conclusão, portanto, é de que o juiz competente para conhecer e julgar a execução trabalhista não está obrigado iniciá-la, embora possa e deva (moral e socialmente) fazê-lo, quando dispuser de elementos que lhe facultem a ação."

De qualquer modo, não poderá o juiz elaborar os cálculos de liquidação, nem promover a execução provisória da sentença.

14.4 Fase de liquidação

Podemos definir liquidação como sendo a fase do processo, pertencente à execução, em que a sentença prolatada na fase de conhecimento sofrerá uma transformação, ou seja, de eminentemente jurídica a decisão passa a ter valor financeiro.

14.4.1 Enquadramento da liquidação

Afirmamos acima que a liquidação de sentença faz parte da execução. Todavia, a liquidação é uma fase intermediária entre as fases de conhecimento e de execução.

Mas, para efeitos práticos, faz-se mister enquadrá-la numa ou noutra fase, uma vez que alguns incidentes podem vir a ocorrer no processo neste momento, o que obrigará a atitudes no sentido de se resolverem tais incidentes, nos quais as partes do litígio deverão se utilizar dos institutos processuais, e muitas vezes ditos institutos serão encontrados na lei justamente na parte referente à execução. Portanto, não obstante a liquidação ser uma fase intermediária entre as fases de conhecimento e de execução, ela é integrante desta última.

14.4.2 Formas de liquidação

A liquidação pode se dar por três formas: por *cálculos*, por *arbitramento* e por *artigos*.

14.4.2.1 Liquidação por cálculos

Apurar-se-á por meio de cálculos quando todos os elementos necessários para se chegar ao valor da execução se encontrarem nos autos. É a forma mais comum de liquidação no processo do trabalho. Poderá se dar pela simples apresentação pelas partes, ou por laudo pericial elaborado por perito nomeado pelo juiz da causa. Neste tipo de liquidação, a lei prevê um procedimento mais célere, não obstante na maioria das vezes não encontremos a rapidez pretendida pela lei.

Com o intuito de dar maior agilidade às execuções, quando estas tiverem de ser liquidadas por meio de cálculos, a CLT sofreu alterações, em 1992, pela Lei 8.432, de 11 de junho. Diz o art. 879, § 2.º, da CLT: "Elaborada a conta e tornada líquida, o juiz poderá abrir às partes prazo sucessivo de 10 (dez) dias para impugnação fundamentada com a indicação dos itens e valores objeto da discordância, sob pena de preclusão".

O procedimento previsto acima vem sendo usado de forma errônea pelos juízes, pois estes têm determinado, quando o reclamante apresenta os cálculos, que a reclamada apresente impugnação no prazo e forma previstos no artigo supra. Parece-nos claro que o procedimento previsto na lei é para os casos em que a conta é elaborada por terceiro, no caso um perito ou o contador do juízo, não ocorrendo a pretendida preclusão se uma das partes não se pronunciar sobre as contas apresentadas pela outra.

Apresentada a conta por uma das partes, abrindo-se vista à parte contrária para sobre os cálculos se pronunciar, várias consequências advêm deste procedimento:

1. O devedor se pronuncia. Discordando o devedor da conta apresentada pelo credor, o juiz poderá julgar uma delas como correta, ou, ainda, determinar a apuração através de perícia contábil. Adotando o primeiro procedimento, o devedor poderá, ainda, se insurgir contra a sentença de liquidação através de embargos à execução, uma vez que o art. 884, § 3.º, da CLT assim determina: "Somente nos embargos à penhora poderá o executado impugnar a sentença de liquidação, cabendo ao exequente igual direito e no mesmo prazo".

Portanto, após garantir a execução, o devedor poderá embargar a execução, renovando seus argumentos discordantes, sendo que os embargos serão processados e julgados, cabendo recurso desta decisão.

2. O devedor não se pronuncia. Aqui, mesmo que o juiz homologue as contas apresentadas pelo credor, levando-se em conta a inércia do devedor, nada obsta a que este apresente argumentos discordantes por meio de embargos, conforme prevê o art. 884 da CLT, uma vez que a conta, conforme já afirmado acima, não foi elaborada por terceiro.

3. A conta elaborada por terceiro é impugnada pelo devedor. Nesta hipótese, a conta é efetivamente elaborada pelo perito ou pelo contador judicial. Aqui é aplicada a previsão do art. 879, § 2.º, da CLT. Mas, como o devedor impugnou a conta apresentada, mesmo que o juiz homologue o laudo apresentado, poderá ainda o executado insurgir-se novamente contra a conta homologada através dos embargos à execução (art. 884).

4. A conta elaborada por terceiro não é impugnada pelo devedor. Sendo este intimado para impugnar conta apresentada no prazo e na forma do art. 879, § 2.º, da CLT, ficando silente, neste caso opera-

-se a preclusão, não podendo mais renovar a discussão por meio de embargos.

14.4.2.2 *Liquidação por arbitramento*

Prevê a CLT (art. 879, *caput*) que a liquidação pode se dar por esta forma. O Código de Processo Civil regula a liquidação por arbitramento no art. 475-C:

"Art. 475-C. Far-se-á a liquidação por arbitramento quando:

I – determinado pela sentença ou convencionado pelas partes;

II – o exigir a natureza do objeto da liquidação."

É utilizada esta forma de liquidação quando não existirem nos autos os elementos necessários para apuração do crédito do reclamante. Um exemplo muito comum nos feitos trabalhistas é a determinação de apuração por arbitramento quando se discute o valor do salário indireto, como, por exemplo, quando este se constituir no oferecimento de automóvel. Neste caso, um perito deverá buscar em locadoras de veículos o valor do aluguel de automóveis similares para poder apurar o valor do salário indireto.

14.4.2.3 *Liquidação por artigos*

Quando houver a necessidade de serem alegados e provados fatos novos, com a finalidade de se apurar o valor do crédito, será esta a forma pela qual se dará a liquidação. Recebe a denominação de artigos, uma vez que o credor deverá articular em petição o objeto de sua pretensão. Felizmente, trata-se de modalidade de liquidação de difícil ocorrência. Como exemplo, podemos imaginar um processo em que o reclamante alegou trabalhar em jornada suplementar sem, contudo, receber o pagamento de horas extras, sem indicar o início e o fim da jornada. Neste caso, julgada procedente a reclamatória, na liquidação deverá agora o credor indicar e provar o número de horas por ele trabalhadas.

O processamento dos artigos de liquidação dar-se-á pela forma prevista no CPC (art. 475-E). O devedor será citado para contestar no prazo de quinze dias. Não obstante o CPC se remeter às previsões do art. 272, entendemos que a petição inicial deverá obedecer aos ditames do art. 840, § 1.º, da CLT, pois esta é mais simples do que o previsto no art. 282 do CPC. Nesse tipo de liquidação poderá haver audiência, podendo, inclusive, ser produzida prova testemunhal.

14.5 Penhora

Após prolatada a sentença de liquidação, sendo esta irrecorrível, é notificado o devedor da decisão, sendo-lhe concedido prazo de cinco dias para pagar ou nomear bens à penhora.

Na prática, a notificação tem pouca utilidade, pois raras vezes (para não dizer nunca) o devedor paga a dívida. Assim não agindo, é expedido o mandado de execução, que será cumprido por um oficial de justiça, Este se dirigirá até o devedor e o notificará para que pague a dívida no prazo de 48 horas, ou que, no mesmo prazo, nomeie bens à penhora:

Dispõe o art. 880 da CLT: "Requerida a execução, o juiz ou presidente do tribunal mandará expedir mandado de citação do executado, a fim de que cumpra a decisão ou o acordo no prazo, pelo modo e sob as cominações estabelecidas ou, quando se tratar de pagamento em dinheiro, inclusive de contribuições sociais devidas à União, para que o faça em 48 (quarenta e oito) horas ou garanta a execução, sob pena de penhora".

Não tomando nenhuma dessas duas atitudes, o oficial de justiça, após aquele prazo, poderá penhorar tantos bens quantos bastem para a garantia da execução (CLT, art. 721, § 2.º).

Na Justiça do Trabalho, o oficial de justiça no ato da penhora já faz a avaliação dos bens, uma vez que seu cargo é o de oficial de justiça avaliador, realizada a penhora, pelo mesmo mandado é intimado o devedor, ficando este, como regra, como depositário. Após, começa a fluir o prazo de cinco dias para a oposição de embargos à execução. Aqui cabe ser citada a diferença com o processo civil. Neste o prazo para a oposição de embargos, que é de quinze dias, tem início após a juntada aos autos do mandado cumprido pelo oficial de justiça.

14.6 Embargos

No processo do trabalho, os embargos do devedor não têm, como no processo civil, natureza jurídica de ação. Trata-se de mero incidente do processo em sua fase de execução. (Esta nossa posição não é unânime, pois alguns autores, baseados no direito processual comum, entendem ser os embargos verdadeira ação).

O prazo para a oposição dos embargos é de cinco dias, conforme já foi mencionado acima. Nos embargos, a parte não poderá inovar ou modificar o decidido na sentença. O § 1.º do art. 884 da CLT afirma: "A matéria de defesa será restrita às alegações de cumprimento da decisão ou do acordo, quitação ou prescrição da dívida".

E o § 3.º do mesmo artigo determina que somente nos embargos à penhora poderá o devedor impugnar a sentença de liquidação.

Poderá ocorrer de a sentença de liquidação não agradar ao credor. Este terá a oportunidade de impugnar a referida sentença através de impugnação, a qual terá o prazo de cinco dias após garantida a execução (pelo devedor). Aqui existe um problema, pois, realizada a penhora, como fará o credor para ter ciência de que o juízo já se encontra garantido? A solução encontrada é que o prazo para apresentar a impugnação tem início a partir do momento em que o credor toma conhecimento, por qualquer meio, de que o juízo está garantido.

Para melhor compreensão do afirmado acima, imaginemos que, penhorados bens do devedor, este oponha embargos. Destes será notificado o credor para contestá-los. Logo, se este tem interesse em impugnar a sentença de liquidação, o prazo começa a fluir a partir da notificação para responder aos embargos do devedor. Tanto para contestar os embargos quanto para impugnar a sentença de liquidação, o prazo é de cinco dias. Exemplificando: após o trânsito em julgado da sentença da fase de conhecimento, o credor apresenta seus cálculos no importe de R$ 100.000,00. O devedor, contestando, apresenta cálculos no total de R$ 20.000,00. Nomeado perito, este apresenta o valor da condenação em R$ 50.000,00. Neste exemplo, as duas partes poderão se insurgir contra a sentença de liquidação, na forma e no prazo descritos no parágrafo anterior.

Os embargos e a impugnação serão julgados pela mesma sentença, da qual caberá agravo de petição (vide capítulo sobre recursos).

14.7 Trâmites finais da execução

Transitada em julgado a decisão que julgou os embargos (ou o agravo de petição), os bens penhorados serão levados à hasta pública.

É designada a data desta, precedida de publicação de edital, com antecedência de no mínimo cinco dias. As partes serão notificadas dessa data por intermédio de seu advogado.

Aqui se aplicam as normas previstas no CPC:

"Art. 687. O edital será fixado no local do costume e publicado, em resumo, com antecedência mínima de 5 (cinco) dias, pelo menos uma vez em jornal de ampla circulação local.

(...)

§ 5.º O executado terá ciência do dia, hora e local da alienação judicial por intermédio de seu advogado ou, se não tiver procurador constituído nos autos, por meio de mandado, carta registrada, edital ou outro meio idôneo."

O edital trará a data da primeira praça e também a data de um eventual segundo pregão, ao qual se dá o nome de leilão. Note-se que no processo do trabalho o costume é que deu o nome a essas duas oportunidades de hasta pública, pois no cível praça é o termo usado para os bens imóveis, enquanto leilão para os móveis.

Arrematado o bem, o arrematante terá de depositar o sinal de 20%, pagando o restante em 24 horas. Não o fazendo, a CLT determina que perderá o sinal em favor da execução (art. 888, § 4.º), o que leva à conclusão de que este valor é abatido da dívida.

O CPC, para a hipótese, prevê que o sinal reverterá para o credor, sem abatimento da dívida: "Art. 695. Se o arrematante ou seu fiador não pagar o preço no prazo estabelecido, o juiz impor-lhe-á, em favor do exequente, a perda da caução, voltando os bens a nova praça ou leilão, dos quais não serão admitidos a participar o arrematante e o fiador remissos".

Sendo o valor da alienação inferior ao do crédito do exequente, será expedido novo mandado de penhora; sendo superior, o excedente será liberado para o devedor.

14.7.1 Adjudicação

Esta ocorre quando o credor fica com o bem penhorado para si, como pagamento da dívida ou de parte dela. A adjudicação está prevista no art. 888 da CLT, podendo ser praticada tanto para bens imóveis quanto para móveis. Poderá ela ser praticada após a praça e leilão, havendo ou não licitante.

A diferença está em que, se houver a arrematação, a adjudicação dar-se-á pelo valor desta; não sendo os bens arrematados, ela só poderá ser realizada pelo valor da avaliação. A CLT não traz o prazo em que deve ser requerida a adjudicação aplicando-se subsidiariamente o art. 685-A do CPC:

"Art. 685-A. É lícito ao exequente, oferecendo preço não inferior ao da avaliação, requerer lhe sejam adjudicados os bens penhorados.

§ 1.º Se o valor do crédito for inferior ao dos bens, o adjudicante depositará de imediato a diferença, ficando esta à disposição do executado; se superior, a execução prosseguirá pelo saldo remanescente.

§ 2.º Idêntico direito pode ser exercido pelo credor com garantia real, pelos credores concorrentes que hajam penhorado o mesmo bem, pelo cônjuge, pelos descendentes ou ascendentes do executado.

§ 3.º Havendo mais de um pretendente, proceder-se-á entre eles à licitação; em igualdade de oferta, terá preferência o cônjuge, descendente ou ascendente, nessa ordem.

§ 4.º No caso de penhora de quota, procedida por exequente alheio à sociedade, esta será intimada, assegurando preferência aos sócios.

§ 5.º Decididas eventuais questões, o juiz mandará lavrar o auto de adjudicação."

Não há entendimento pacífico quanto ao momento para ser requerida a adjudicação. Pela análise do artigo supra, nossa conclusão é a de que deve ser requerida no mesmo dia da praça, logo após a sua realização.

14.7.2 Remição

É o ato pelo qual o devedor paga o total da dívida, liberando-se a penhora. Pode ser exercida antes da praça ou mesmo após, ainda que tenha havido a arrematação. Neste caso, o prazo para remir será logo após a realização da praça, aplicando-se aqui o disposto no art. 651 do CPC: "Antes de adjudicados ou alienados os bens, pode o executado, a todo tempo, remir a execução, pagando ou consignando a importância atualizada da dívida, mais juros, custas e honorários advocatícios".

A remição dar-se-á sempre pelo valor total da execução (principal, juros, custas, honorários periciais etc.). Para que não se corra nenhum risco, nosso conselho é que se pratique a remição até logo após a praça, principalmente se houver arrematante, uma vez que o CPC assim dispõe: "Art. 693. A arrematação constará de auto que será lavrado de imediato, nele mencionadas as condições pelas quais foi alienado o bem".

Ocorrendo adjudicação e remição, esta prefere àquela, pois o credor receberá o que lhe é devido e o devedor não ficará sem o bem que garantia a execução.

14.7.3 Embargos à arrematação e à adjudicação

Estes embargos estão previstos no art. 746 do CPC: "É lícito ao executado, no prazo de 5 (cinco) dias, contados da adjudicação, alienação ou arrematação, oferecer embargos fundados em nulidade da execução, ou em causa extintiva da obrigação, desde que superveniente à penhora, aplicando-se, no que couber, o disposto neste Capítulo".

Não há unanimidade na doutrina quanto ao cabimento destes embargos no processo do trabalho. Para uns, não cabem embargos contra a decisão que homologa a arrematação ou adjudicação, entendendo-se que contra tais decisões cabe agravo de petição. Outra corrente entende que cabem embargos na forma prevista na própria CLT (art. 884). Uma terceira corrente entende plenamente aplicável o dispositivo do CPC, por omissão da CLT, pois os embargos previstos no art. 884 são cabíveis somente após a realização da penhora ou do depósito garantidor da execução. Discorda-se, ainda, da primeira corrente, pois se afirma que a decisão que homologa arrematação ou adjudicação é irrecorrível, devendo ser atacada via embargos, pois tal decisão é similar à sentença de liquidação, ou seja, meramente homologatória. Problema sério se instala, pois as três correntes têm lógica. Nós nos filiamos à última.

14.8 Embargos de terceiro

Terceiro é todo aquele que não conste do título executivo que tem um bem de sua propriedade alienado. É remédio processual muito utilizado na Justiça do Trabalho, constituindo-se em um incidente do processo trabalhista. O prazo para a oposição aos embargos de terceiro está previsto no art. 1.048 do CPC: "Os embargos podem ser opostos a qualquer tempo no processo de conhecimento enquanto não transitada em julgado a sentença, e, no processo de execução, até 5 (cinco) dias depois da arrematação, adjudicação ou remição, mas sempre antes da assinatura da respectiva carta".

Como se vê, os embargos poderão ser opostos até cinco dias depois da arrematação, adjudicação ou remição, mas antes da assinatura da respectiva carta. Deve-se tomar cautela com este prazo, pois se a carta for assinada antes dos cinco dias, a oposição dos embargos, ainda que dentro desse prazo, não surtirá efeito.

Os embargos serão distribuídos por dependência ao mesmo juiz que ordenou a apreensão e serão processados em apartado. O prazo para contestar é o previsto no CPC, ou seja, dez dias (art. 1.053). Contra a decisão prolatada em embargos de terceiro cabe agravo de petição, já que ela ocorre na fase de execução.

15
COMISSÕES DE CONCILIAÇÃO PRÉVIA

15.1 Introdução

A Lei 9.958, de 12.01.2000, criou as comissões de conciliação prévia e instituiu a execução do título executivo extrajudicial na Justiça do Trabalho.

O termo comissão indica um grupo de pessoas representando empregados e empregadores, de forma paritária. Já conciliação, do latim *conciliatio*, indica harmonizar, compor, ajustar.

Para solucionar conflitos trabalhistas, existem três formas:

a) autodefesa, que pode ser explicada com a greve, na qual as partes buscam por si próprias a solução dos problemas;

b) autocomposição, que se dá, por exemplo, com as convenções coletivas; e

c) heterocomposição, que ocorre quando um terceiro intervém para solucionar as pendências. Tem-se, como exemplo, a arbitragem, a mediação e a atuação do Poder Judiciário.

A arbitragem consiste na escolha, pelas partes, de um árbitro para solucionar a questão, e a decisão dele deverá ser obrigatoriamente cumprida. No direito do trabalho, a arbitragem é indicada para a solução de conflitos coletivos, assim dispondo o § 1.º do art. 114 da CF: "Frustrada a negociação coletiva, as partes poderão eleger árbitros".

Não há tradição no Brasil de a arbitragem ser utilizada para a solução dos conflitos decorrentes da relação de trabalho, imperando a intervenção do Poder Judiciário. A *mediação* é instituto que visa apenas à tentativa de um acordo, não tendo força de decisão. Tem apenas função conciliatória. A atuação judicial se dá quando as partes levam a discussão para o Poder Judiciário, seja de natureza individual ou coletiva.

As comissões de conciliação prévia constituem um meio de solução dos conflitos por mediação, não detendo poderes decisórios e prestando-se apenas para a solução de conflitos individuais de trabalho.

15.2 Espécies de comissões de conciliação prévia

A Lei 9.958/2000 instituiu as comissões de conciliação prévia através da inserção de novos artigos à Consolidação das Leis do Trabalho.

Diz o art. 625-A:

"Art. 625-A. As empresas e os sindicatos podem instituir Comissões de Conciliação Prévia, de composição paritária, com representantes dos empregados e dos empregadores, com a atribuição de tentar conciliar os conflitos individuais do trabalho.

Parágrafo único. As Comissões referidas no *caput* deste artigo poderão ser constituídas por grupos de empresas ou ter caráter intersindical."

Como se vê, são três as espécies de comissões de conciliação prévia:

a) de empresa ou de sindicatos;

b) de um grupo de empresas; e

c) intersindical.

As comissões, portanto, podem ser criadas pelo empresário e seus empregados, através de acordos coletivos, e pelos sindicatos profissional e da categoria econômica, através de convenção coletiva.

Cumpre esclarecer que é facultativa a criação de comissão de conciliação prévia. Só será criada se houver consenso entre as partes interessadas.

Como já referido, uma comissão de conciliação prévia poderá ser criada por acordo ou convenção coletiva.

A diferença entre estes dois institutos está prevista na CLT, no art. 611 e seu § 1.º:

"Art. 611. Convenção Coletiva de Trabalho é o acordo de caráter normativo, pelo qual dois ou mais sindicatos representativos de categorias econômicas e profissionais estipulam condições de trabalho aplicáveis, no âmbito das respectivas representações, às relações individuais de trabalho.

§ 1.º É facultado aos sindicatos representativos de categorias profissionais celebrar Acordos Coletivos com uma ou mais empresas da correspondente categoria econômica, que estipulem condições de trabalho, aplicáveis no âmbito da empresa ou das empresas acordantes às respectivas relações de trabalho."

Em resumo, a convenção obriga todas as empresas e todos os empregados de uma determinada categoria. Já o acordo obriga apenas as empresas e os empregados que participaram de sua confecção.

Tanto as convenções quanto os acordos devem conter obrigatoriamente:

a) designação dos sindicatos convenentes;

b) prazo de vigência;

c) categorias ou classe de trabalhadores;

d) condições ajustadas para reger as relações individuais de trabalho;

e) normas para a conciliação das divergências surgidas entre os convenentes por motivo da aplicação de seus dispositivos;

f) disposições sobre o processo de sua prorrogação e de revisão total ou parcial de seus dispositivos;

g) direitos e deveres dos empregados e das empresas;

h) penalidades para os sindicatos convenentes, os empregados e as empresas em caso de violação de seus dispositivos.

15.3 Comissões de conciliação prévia em nível de empresa

Inicialmente, veja-se o texto do art. 625-B da CLT:

"Art. 625-B. A Comissão instituída no âmbito da empresa será composta de, no mínimo, 2 (dois) e, no máximo, 10 (dez) membros, e observará as seguintes normas:

I – a metade de seus membros será indicada pelo empregador e a outra metade eleita pelos empregados, em escrutínio secreto, fiscalizado pelo sindicato da categoria profissional;

II – haverá na Comissão tantos suplentes quantos forem os representantes titulares;

III – o mandato dos seus membros, titulares e suplentes, é de 1 (um) ano, permitida uma recondução.

§ 1.º É vedada a dispensa dos representantes dos empregados membros da Comissão de Conciliação Prévia, titulares e suplentes, até 1 (um) ano após o final do mandato, salvo se cometerem falta grave, nos termos da lei.

§ 2.º O representante dos empregados desenvolverá seu trabalho normal na empresa, afastando-se de suas atividades apenas quando convocado para atuar como conciliador, sendo computado como tempo de trabalho efetivo o despendido nessa atividade."

O número mínimo de componentes é de dois e o máximo de dez, sempre em composição paritária. Da mesma forma que em uma CIPA (Comissão Interna de Prevenção de Acidentes), os membros representantes dos empregadores serão por estes indicados; os dos empregados, por sua vez, serão por estes eleitos. Em qualquer dos casos, existe a necessidade de indicar e eleger suplentes.

Fixou a lei o prazo do mandato dos membros da CCP em um ano, sendo permitida uma recondução. Os representantes dos empregados serão por estes escolhidos através de escrutínio secreto, sob a fiscalização do sindicato profissional (empregados).

A lei concedeu aos representantes dos empregados, titulares e suplentes, a garantia de emprego por até um ano após o término de seu mandato, só podendo ser despedidos se cometerem "falta grave".

15.4 Como constituir uma CCP

Primeiramente, devem ser traçadas as regras para a seleção dos membros. Deve também ser escolhido o local onde irá funcionar a CCP. Empregador e empregados devem constituir uma comissão organizadora da eleição para a escolha dos representantes dos empregados. Quanto aos representantes do empregador, estes são por ele livremente escolhidos.

A comissão organizadora deverá tornar público na empresa que se fará uma eleição para a escolha dos representantes de uma CCP a ser instituída, e, para tanto, terá de marcar prazo para que candidatos se apresentem. Terá, também, de preparar o material a ser usado na eleição, que se dará por escrutínio secreto. Divulgará dia, hora e local da votação e apurará os votos no final. O sindicato dos empregados deverá ser notificado da realização da eleição, mas seu papel será apenas o de fiscalizar o processo eleitoral, que deverá ser registrado em um livro de atas.

A CCP deverá ter dois livros de atas: um para o registro das assembleias gerais e outro para o registro das reuniões. Esses livros devem ter seus termos de abertura e de fechamento assinados pelos membros da CCP.

15.5 Garantia de emprego dos membros da CCP

Os representantes dos empregados na CCP terão garantia de emprego até um ano após o final do mandato, salvo se cometerem "falta grave", nos termos da lei. Essa garantia tanto é para os membros efetivos quanto para os suplentes.

Criou a lei mais uma forma de estabilidade, além das já existentes (CIPA, dirigente sindical etc.). Os representantes do empregador não gozam da garantia legal da estabilidade.

Quanto à expressão "falta grave", o legislador cometeu uma séria confusão terminológica. Falta grave está assim definida na CLT: "Art. 493. Constitui falta grave a prática de qualquer dos fatos a que se refere o art. 482, quando por sua repetição ou natureza representem séria violação dos deveres e obrigações do empregado".

E o *caput* do art. 494 determina: "Art. 494. O empregado acusado de falta grave poderá ser suspenso de suas funções, mas a sua despedida só se tornará efetiva após o inquérito em que se verifique a procedência da acusação".

Parece-nos que o legislador queria dar ao empregador direito de despedir o empregado quando este tivesse cometido "justa causa", pois para essa não se faz necessária a propositura de inquérito judicial.

Resta-nos concluir que, para se despedir o empregado que comete uma das faltas previstas no art. 482 da CLT, sendo este empregado estável, e, por força da lei, que fala em falta grave, deverá ser a dispensa precedida do competente inquérito judicial.

Trata-se o inquérito judicial de uma ação trabalhista proposta pelo empregador em face do seu empregado, quando este é detentor de estabilidade: para efetivar a dispensa deste, deverá antes comprovar cometimento da falta grave perante a Justiça do Trabalho. Neste período, o contrato de trabalho ficará vigendo, podendo ser o empregado suspenso enquanto tramitar o processo. Se a empresa não obtiver ganho de causa, terá de pagar os salários até o final da ação, limitada até o término do mandato que teria o empregado.

15.6 Representação das partes na CCP

Os empregados que desejem ingressar com uma reclamação numa CCP podem fazê-lo por conta própria ou através de advogado. Neste caso, o empregador não poderá impedir o ingresso do profissional em suas dependências.

A empresa poderá ser representada por um preposto, da mesma forma que em uma reclamação judicial, devendo estar munido de carta de preposição.

Não há confundir os representantes do empregador na CCP com o preposto. Este estará defendendo os interesses do empregador na reclamação, enquanto aqueles apenas estarão buscando conciliar as partes.

15.7 CCP e o grupo de empresas

A CLT, em seu art. 2.º, § 2.º, prevê a responsabilidade solidária do grupo de empresas: "Sempre que uma ou mais empresas, tendo, embora, cada uma delas, personalidade jurídica própria, estiverem sob a direção, controle ou administração de outra, constituindo grupo industrial, comercial ou de qualquer outra atividade econômica, serão, para os efeitos da relação de emprego, solidariamente responsáveis a empresa principal e cada uma das subordinadas".

Logo, cada empresa deverá ter sua própria CCP, não podendo uma comissão de uma empresa ser competente para conciliar reclamações de empregados de outras empresas do grupo. De qualquer modo, poderá ser constituída uma CCP por grupo de empresas, o que será estudado mais adiante.

15.8 A CCP sindical

Segundo o disposto no art. 625-C da CLT, a CCP instituída no âmbito sindical terá sua constituição e normas de funcionamento definidas em convenção ou acordo coletivo.

Resulta, portanto, que poderá ser instituída uma CCP abrangendo uma ou várias empresas, ou, então, uma CCP para toda a categoria, dependendo da forma de constituição.

A CLT, em seu art. 611, define convenção coletiva como sendo "o acordo de caráter normativo, pelo qual dois ou mais sindicatos representativos de categorias econômicas e profissionais estipulam condições de trabalho aplicáveis, no âmbito das respectivas representações, às relações individuais de trabalho".

E o § 1.º do mesmo artigo diz ser acordo coletivo quando uma ou mais empresas da correspondente categoria econômica estipulam, com o sindicato profissional, condições de trabalho aplicáveis no âmbito da empresa ou das empresas acordantes às respectivas relações de trabalho.

15.9 CCP instituída por convenção coletiva

A lei não determina que seja constituída uma CCP através de instrumento coletivo (convenção ou acordo), mas simplesmente que a norma coletiva faça menção à sua instituição.

Melhor esclarecendo, o instrumento coletivo traçará os rumos da CCP, mas não a criará. A constituição dar-se-á fora da norma coletiva. Uma convenção coletiva poderá autorizar a instituição de uma CCP pela categoria. A partir daí é que as partes irão se reunir para constituir uma comissão de conciliação.

A lei não determinou o número de membros de uma CCP em nível sindical. Os membros desta CCP eleitos pelos empregados gozarão de estabilidade de até um ano após o término do mandato, uma vez que a previsão do art. 543 da CLT dá aos eleitos a cargo de representação sindical dita estabilidade.

15.10 CCP instituída por acordo coletivo

Basicamente são as mesmas particularidades da convenção coletiva. Contudo, no acordo, este se dá num universo menor, ou seja, abrangerá apenas a empresa e os empregados desta, que celebrarem o referido acordo.

15.11 Procedimentos de uma reclamação perante uma CCP

O art. 625-D da CLT traz todo o procedimento a ser adotado pela CCP. Prevê a lei que é competente uma CCP para receber qualquer demanda de natureza trabalhista. A demanda deverá ser formulada por escrito ou reduzida a termo por um dos membros da CCP.

Cientificado o empregador, caso este não faça qualquer acordo, será entregue ao queixoso uma declaração da tentativa conciliatória frustrada, com a descrição do objeto, contendo a assinatura dos membros da comissão, sendo que, no caso de eventual reclamação trabalhista, este documento deverá ser a ela juntado.

Qualquer motivo que impeça a propositura de uma reclamação perante a CCP deverá ser informado na petição inicial.

Se houver tanto uma CCP na empresa quanto outra no sindicato, o interessado optará por uma delas para submeter sua demanda, sendo competente aquela que primeiro conhecer do pedido.

Onde houver uma CCP, o trabalhador estará obrigado a primeiramente passar por ela para tentar conciliar-se, para somente após, e não tendo sido possível a conciliação, ingressar com uma reclamação trabalhista perante a Justiça do Trabalho.

15.12 A conciliação

Apresentada a reclamação, a comissão determinará o dia e o horário da reunião para a tentativa de conciliação.

Oferecendo a empresa um valor para acordo, e sendo este aceito pelo empregado, será lavrado um termo, que deverá ser assinado pelo reclamante, pela empresa, através de seu representante ou preposto, e pelos membros da CCP, sendo fornecida cópia às partes.

O termo de acordo é um título executivo extrajudicial – vale dizer, se a empresa não cumprir o avençado, o empregado pode executar diretamente na Justiça do Trabalho, sem ter de instruir uma reclamação, ou seja, o processo iniciar-se-á com a execução (art. 877-A da CLT).

Cumprido o acordo, o empregador estará liberado de qualquer outro pagamento ao empregado, sendo que a assinatura do acordo tem efeito liberatório geral, salvo as parcelas expressamente ressalvadas.

15.13 Prazo para a realização da conciliação

A CCP terá o prazo de 10 dias para a realização da sessão de tentativa de conciliação, a contar da provocação do interessado. Vencido o prazo de 10 dias, o interessado poderá exigir uma declaração de que não foi realizada a sessão da CCP, que deverá instruir eventual reclamação trabalhista.

Se a conciliação se der fora do prazo de 10 dias, mesmo assim ela terá validade.

15.14 Prescrição

A prescrição no direito do trabalho é de cinco anos, limitada em dois anos após a extinção do contrato (art. 7.º, XXIX, da CF).

Após a propositura da reclamação perante uma CCP, o prazo prescricional é suspenso, recomeçando sua contagem pelo que lhe resta, a partir da tentativa frustrada de conciliação ou do prazo de 10 dias estudado acima.

15.15 CCP de grupo de empresas

Pode ser constituída uma CCP por grupo de empresas. Nesse caso, devem participar todas as empresas do grupo na sua formação, devendo, também, ser dada ciência aos empregados de todas as empresas desse grupo, obedecendo-se às mesmas regras, já estudadas, para a constituição de CCP em uma empresa.

15.16 CCP intersindical

A lei fala em núcleos intersindicais de conciliação trabalhista, que podemos entender como instituições compostas de sindicatos de empregados e empregadores, que tenham por finalidade promover acordos em matéria trabalhista.

A instituição desses núcleos ficará na dependência de normas coletivas, aplicando-se a eles os mesmos preceitos das CCPs sindicais.

16
PROCEDIMENTO SUMARISSÍMO

16.1 A Lei 9.957/2000

Por força da Lei 9.957/2000 foi introduzido na CLT o procedimento sumaríssimo, pela inclusão dos arts. 852-A a 852-I, além de ter sido modificado o procedimento recursal (arts. 895, 896 e 897-A).

16.2 O procedimento de primeira instância

Segundo o art. 852-A, ficaram submetidos ao procedimento sumaríssimo os dissídios individuais cujo valor não exceda a 40 vezes o salário mínimo vigente na data do ajuizamento da reclamação.

Ficaram excluídas do procedimento sumaríssimo as demandas em que é parte a Administração Pública direta, autárquica e fundacional (parágrafo único do art. 852-A).

16.2.1 A petição inicial

O pedido deverá ser certo ou determinado e indicará o valor correspondente, sob pena de arquivamento.

Não será permitida a citação por edital, incumbindo ao reclamante a correta indicação do nome e endereço do reclamado, também sob pena de arquivamento.

A reclamação será apreciada no prazo máximo de 15 dias do seu ajuizamento, sendo julgada em audiência única.

16.2.2 A audiência

Como informado acima, a audiência será única.

O reclamado apresentará defesa, que poderá ser verbal ou escrita.

A ata da audiência registrará resumidamente os atos essenciais, as afirmações fundamentais das partes e as informações úteis à solução da causa trazidas pela prova testemunhal (art. 852-F).

16.2.3 Testemunhas

No procedimento sumaríssimo, cada parte poderá ouvir até no máximo duas testemunhas, que serão convidadas e levadas pelas partes.

No caso do não comparecimento das testemunhas, só se admitirá a sua notificação se ficar comprovado que elas foram convidadas; do contrário, estará preclusa a oportunidade de ouvi-las.

16.3 A sentença

A sentença no procedimento sumaríssimo não terá o relatório, devendo mencionar os elementos da convicção do juízo, com resumo dos fatos relevantes ocorridos em audiência.

16.4 Recurso ordinário

Nas causas sujeitas ao procedimento sumaríssimo, o recurso ordinário será imediatamente distribuído, uma vez recebido no tribunal, devendo o relator liberá-lo no prazo máximo de 10 dias e a secretaria colocá-lo imediatamente em pauta para julgamento, sem revisor.

O acórdão consistirá unicamente na certidão de julgamento, com indicação suficiente do processo, da parte dispositiva e das razões de decidir.

16.5 Recurso de revista

O recurso de revista somente será admitido por contrariedade à súmula de jurisprudência uniforme do Tribunal Superior do Trabalho e violação direta da Constituição da República.

Como se vê, no procedimento sumaríssimo, são mais restritos os casos de interposição do recurso de revista do que o previsto para o procedimento ordinário.

17
DISSÍDIO COLETIVO

17.1 Conceito

Os conflitos trabalhistas podem ser divididos em individuais e coletivos.

O que vai determinar um e outro não é, necessariamente, a quantidade de titulares desses interesses conflitivos. Para deixar claro, um litisconsórcio ativo é um dissídio individual, mesmo que abrigue muitos autores.

A característica dos dissídios individuais é que os titulares dos interesses ou do direito discutido são individualizados e, ainda, que a solução a ser dada ao litígio aplicará a lei ao caso concreto.

Nos dissídios coletivos não há uma individualização dos titulares dos direitos a serem discutidos em juízo. Neles, o sindicato atua em nome de toda a categoria por ele representada, sem a necessidade de individualização dos titulares.

Num dissídio coletivo, o tribunal não aplica a lei a um caso concreto, mas, na verdade, ele cria normas a serem aplicadas às categorias profissional e econômica durante um período determinado.

Logo, o que se busca é a solução de conflitos coletivos que se manifestam entre um grupo de empregados ou em toda a categoria, tudo num campo abstrato.

A conclusão lógica de um dissídio coletivo é a sentença normativa, prolatada em razão de não terem sido satisfatórias as negociações entre sindicatos profissional e da categoria econômica, ou entre aquele e um ou vários empregadores.

17.2 Divisão

Os dissídios coletivos se dividem em dois tipos: os de natureza econômica e os de natureza jurídica.

Os primeiros se caracterizam pela natureza das pretensões deduzidas, que são aquelas que se vinculam a um bem ou utilidade da vida.

Já os dissídios de natureza jurídica são aqueles em que se visa obter um pronunciamento judicial de determinado texto legal, de ato normativo ou de cláusula de convenção ou acordo coletivos.

17.3 Competência

A competência é dos Tribunais Regionais do Trabalho, sendo, portanto, hipótese de sua competência originária. Nos casos em que a instauração do dissídio abranja mais de uma base territorial pertencentes a TRTs distintos, a competência será do Tribunal Superior do Trabalho.

17.4 Procedimento

A EC 45/2004 à Constituição Federal trouxe a seguinte redação para o procedimento dos dissídios coletivos:

"Art. 114. Compete à Justiça do Trabalho processar e julgar:

(...)

§ 2.º Recusando-se qualquer das partes à negociação coletiva ou à arbitragem, é facultado às mesmas, de comum acordo, ajuizar dissídio coletivo de natureza econômica, podendo a Justiça do Trabalho decidir o conflito, respeitadas as disposições mínimas legais de proteção ao trabalho, bem como as convencionadas anteriormente."

A redação supra tem trazido acalorada discussão doutrinária, em razão da expressão "comum acordo".

Uma dessas correntes entende que o texto constitucional não deixa dúvida quando determina que o dissídio coletivo tem de ser instaurado de comum acordo, ou seja, não se chegando a um acordo, seja em nível de convenção ou de acordo coletivo, os sindicatos (ou o sindicato profissional e a empresa, no caso de acordo) devem propor o dissídio numa petição em comum.

Outra corrente abraça a tese de que esse entendimento é equivocado, pois basta que uma das partes se recuse a assinar conjuntamente a petição de propositura do dissídio para que este não seja instaurado.

O Tribunal Superior do Trabalho tem adotado a primeira tese: "Dissídio coletivo de natureza econômica. Ajuizamento. Comum acordo. Nova redação do § 2.º do art. 114 da Constituição atual após a promulgação da EC 45/2004. Ressalvado o entendimento pessoal deste relator, a Seção Especializada em Dissídios Coletivos deste Tribunal Superior do Trabalho firmou jurisprudência no sentido de que a nova redação do § 2.º do art. 114 da Carta Política do País estabeleceu o pressuposto processual intransponível do mútuo consenso dos interessados para o ajuizamento do dissídio coletivo de natureza econômica. Recurso ordinário provido" (TST-RODC-1964/2007-000-04-00.8, rel. Min. Mauricio Godinho Delgado, j. 09.03.2009).

Portanto, ainda que não haja uma conclusão definitiva, preferimos adotar o entendimento da Colenda Corte, no sentido de que a propositura do dissídio coletivo deve se dar de comum acordo.

Transposto o problema acima, passemos a estudar os demais procedimentos.

Frustrada a negociação coletiva, os associados do sindicato devem ser convocados mediante edital, para, em assembleia, decidirem pela propositura do dissídio.

Sem a autorização em assembleia, o sindicato não poderá propor o dissídio (em comum acordo).

Determina a CLT que a autorização se subordina a alguns requisitos: "Art. 859. A representação dos sindicatos para instauração da instância fica subordinada à aprovação de assembleia, da qual participem os associados interessados na solução do dissídio coletivo, em primeira convocação, por maioria de 2/3 (dois terços) dos mesmos, ou, em segunda convocação, por 2/3 (dois terços) dos presentes".

Deverá ser elaborada uma ata, onde conste a autorização conseguida em assembleia.

Outro requisito é a pauta de reivindicações que serão objeto do dissídio, pauta esta que deverá constar da ata acima mencionada.

As reivindicações da categoria devem estar fundamentadas, e, por fim, ela deve provar que ocorreu prévia negociação, que não resultou em acordo.

17.5 Sentença normativa

A sentença normativa é a decisão prolatada pelos tribunais em dissídios coletivos. Trata-se de um termo que suscita discussões, pois sentença é a denominação dada às decisões de primeira instância, e as decisões dos tribunais, por serem colegiadas, recebem a denominação de acórdãos.

De qualquer modo, sentença normativa é o nome escolhido pela lei para indicar a decisão prolatada em dissídios coletivos.

A sentença normativa é executada de forma definitiva, ainda que não tenha transitado em julgado.

A sentença normativa tem prazo de duração, sendo este de no máximo quatro anos (art. 868, parágrafo único, da CLT), e só poderá ser desconstituída por meio de ação rescisória.

Por outro lado, caberá pedido de revisão quando, depois de um ano de sua vigência, houver alteração das circunstâncias que a ensejaram, consoante previsão do art. 873 da CLT: "Decorrido mais de 1 (um) ano de sua vigência, caberá revisão das decisões que fixarem condições de trabalho, quando se tiverem modificado as circunstâncias que as ditaram, de modo que tais condições se hajam tornado injustas ou inaplicáveis".

18
MODELOS DE PEÇAS PROCESSUAIS[1]

SUMÁRIO: 18.1 Petição inicial – 18.2 Exceção de incompetência – 18.3 Contestação – 18.4 Recurso ordinário – 18.5 Recurso de revista – 18.6 Agravo de instrumento – 18.7 Agravo de petição – 18.8 Embargos de declaração – 18.9 Embargos à execução – 18.10 Impugnação à sentença de liquidação – 18.11 Embargos de terceiro – 18.12 Reclamação correicional – 18.13 Mandado de segurança.

18.1 Petição inicial (Rito ordinário)

Exmo. Sr. Dr. Juiz do Trabalho da Vara da Capital/SP

José dos Grudes, (qualificação e endereço), por seu advogado infra-assinado, vem, respeitosamente, à presença de V. Exa., propor reclamação trabalhista em face de Banco X S/A, (endereço), pelos motivos a seguir expostos:

1. Foi o reclamante admitido pela reclamada em 16 de maio de 1995, sendo despedido em 29 de janeiro de 1998, quando exercia funções de analista contábil, com o salário de R$ 1.424,91.

2. Durante a vigência do pacto laboral, o reclamante cumpriu jornada de trabalho das 9h às 18h, com 1 (uma) hora de intervalo, com duração semanal de segunda a sexta-feira.

3. A reclamada só pagava horas extras quando a jornada ultrapassava 8 horas de trabalho, ou seja, a partir da 9.ª hora.

4. Sendo bancário e não exercendo funções de confiança, está claro que o reclamante, na jornada *supra*, tinha extrapolada a carga horária prevista no art. 224 da CLT.

---

1. Diante do tamanho da obra, não adotamos o espaço padrão entre o cabeçalho e o início do texto das peças.

5. A reclamada jamais pagou as horas extras correspondentes à sétima e à oitava horas.

6. Portanto, tem direito o reclamante aos seguintes haveres:

a) horas extras (item supra);

b) reflexos das horas extras em:

b.l) FGTS

b.2) 40% dobre FGTS

b.3) 13.º salários

b.4) férias

b.5) aviso prévio

b.6) RSR.

Todas as verbas citadas serão apuradas em regular execução de sentença.

Ex positis, é a presente para esperar desse r. Juízo digne-se em mandar notificar a reclamada para os termos desta reclamatória, sob pena de confissão e efeitos da revelia, condenando-se esta, no final, no pedido supra, acrescido de juros e correção monetária. Todas as notificações devem ser enviadas em nome do advogado **(nome e endereço)**, conforme Súmula 427, do C. TST.

Requerendo-se a produção de provas por todos os meios permitidos pela lei, e dando-se à causa o valor de R$ 20.000,00, para efeitos de alçada recursal e eleição de rito processual,

P. deferimento.

São Paulo, (data).

pp.:
(nome e nº de inscrição na OAB)

18.2 Petição inicial (Rito sumaríssimo)

Exmo. Sr. Dr. Juiz do Trabalho da Vara da Capital/SP

José dos Grudes, (qualificação e endereço), por seu advogado infra-assinado, vem, respeitosamente, à presença de V. Exa., propor reclamação trabalhista em face de Empresa X Ltda. inscrita no CNPJ:

xxxxxxxxxxx-xxxx, estabelecida à (endereço), pelos motivos a seguir expostos.

1. O Reclamante foi admitido pela Reclamada em 15 de outubro de 2011, para exercer funções de cozinheiro chefe.

2. A Reclamada não formalizou o contrato de trabalho, ou seja, não anotou a CTPS do Reclamante nem cumpriu com as demais obrigações de uma relação de emprego.

3. Durante a vigência do Contrato de Trabalho, o Reclamante foi remunerado com a quantia mensal de R$ 1.000,00.

4. O Reclamante cumpriu jornada de trabalho das 10:00 às 18:00 sem intervalo de 1 (uma) hora para descanso, com duração semanal de segunda a sexta-feira.

5. Tem jus o Reclamante ao recebimento das horas de intervalo suprimidas com os acréscimos assegurados pelo Direito.

6. No mês de outubro de 2011, a Reclamada descontou do salário do Reclamante a quantia de R$ 100,00, e no mês de novembro de 2011, descontou R$ 200,00, também sem qualquer motivo.

7. Pela Cláusula 19.º da Norma Coletiva, a Reclamada é devedora da multa ali prevista, pela não anotação da CTPS.

8. As horas extras devem ser remuneradas com acréscimo de 60%, conforme Convenção Coletiva.

9. Cumpre informar que os restaurantes não contratam cozinheiros chefe sem anotação da função em CTPS, o que vem causando prejuízos evidentes ao empregado.

10. Portanto, tem jus o Reclamante ao recebimento de indenização pelo dano moral decorrente da situação acima descrita, fixando-a em 10 salários do Autor.

11. No dia 1.º de agosto de 2012 a Reclamada despediu o Reclamante sem nada lhe pagar.

12. Logo, tem jus o Reclamante aos seguintes haveres:

a) Declaração da existência de relação de emprego.

b) Anotação do contrato de trabalho em sua CTPS.

c) FGTS do período...................... R$ 1.000,00.

d) 40% sobre FGTS supra... ....R$ 400,00.

e) Horas extras..............................R$ 1.769,00.

f) Reflexo das horas extras em:

f.1) FGTS...................................R$ 176,00.

f.2) 40% sobre FGTS supra..........R$ 70,40

f.3) Férias ....R$ 58,67.

f.4) 13.º salário............................R$ 176,00

g) Férias (sem horas extras)...........R$ 1.111,11

h) 13.º salário (sem horas extras).....R$ 916,70

i) Indenização por dano moral......R$ 10.000,00.

Total:....................................... R$ 15.668,88

Requer, ainda, o envio de ofício ao Ministério do Trabalho, ao INSS e CCEF para a aplicação de punições administrativas, e ao Ministério Público para a abertura da competente ação penal, em virtude do crime previsto no art. 297 do Código Penal (reclusão) de 2 (dois) a 6 (seis) anos de reclusão).

Por derradeiro, Requer os benefícios da justiça gratuita, por não ter condições financeiras para arcar com as custas e despesas processuais.

Ex positis, é a presente para esperar dessa r. Vara digne-se em mandar notificar a Reclamada, para os termos desta reclamatória, sob efeitos da revelia e pena de confissão, condenando-se esta, no final, no pedido supra, acrescido de juros e correção monetária.

Todas as notificações devem ser enviadas em nome do advogado (nome e endereço), conforme Súmula nº 427, do C. TST.

Requerendo-se a produção de provas por todos os meios permitidos pela lei e dando-se à causa o valor de R$ 15.668,88 para efeito meramente de alçada recursal e eleição de rito processual.

P. deferimento.

São Paulo, (data).

pp.:

(nome e nº de inscrição na OAB)

18.3 Exceção de Incompetência

Exmo. Sr. Dr. Juiz do Trabalho da Vara de Cajamar/SP

Processo nº:

Empresa X Ltda., por seu advogado infra-assinado, vem, respeitosamente, à presença de V. Exa., nos autos da reclamatória que lhe move José dos Grudes, e nos termos dos arts. 799 e ss. da CLT, apresentar exceção de incompetência, uma vez que, conforme comprova o contrato de trabalho anexo, o excepto sempre exerceu suas funções na cidade de São Paulo.

Ademais, no período em que o excepto trabalhou para a excipiente, esta ainda não tinha sua sede nesta cidade, o que, por si só, faz com que esse r. Juízo não tenha competência para o conhecimento e julgamento da reclamação.

Ex positis, é a presente para requerer a V. Exa. digne-se em determinar o envio dos autos a uma das r. Varas do trabalho da capital, por serem as competentes para o conhecimento e julgamento da reclamatória, de acordo com o art. 651 da CLT.

Nestes termos,

P. deferimento.

Cajamar, (data).

pp.:

(nome e nº de inscrição na OAB)

18.4 Contestação

Exmo. Sr. Dr. Juiz do Trabalho da Vara da Capital/SP

Processo nº:

Empresa X Ltda., por seu advogado infra-assinado, vem, respeitosamente, à presença de V. Exa., nos autos da reclamatória que lhe move José dos Grudes, apresentar contestação, pelos motivos de fato e de direito a seguir expostos:

1. Propõe o reclamante a presente reclamatória, fazendo os pedidos que especifica.

2. Porém, nada é devido ao reclamante.

3. Fica arguida a prescrição prevista no art. 7., XXIX da Constituição da República..

4. Jamais o reclamante foi empregado da reclamada, uma vez que os serviços prestados sempre foram de forma eventual, recebendo o autor por serviços prestados.

5. O reclamante prestou serviços à reclamada entre 10 de outubro de 1996 e 17 de novembro de 1997. Neste período, o reclamante chegou a ficar três meses consecutivos sem prestar os referidos serviços.

56. Não havia qualquer subordinação entre o reclamante e a reclamada, podendo o primeiro deixar de prestar serviços quando bem entendesse, isto é, se tivesse outro compromisso não estava obrigado a prestar os serviços à reclamada.

6. Fica impugnado o valor do salário declinado na exordial, uma vez que o reclamante recebia somente quando efetivamente prestava serviços, sendo certo que o maior valor recebido foi de R$ 300,00.

7. O reclamante, quando prestava serviços à reclamada, o labor tinha início às 9h, encerrando-se às 18h, tendo (uma) hora de intervalo para descanso e refeição.

8. Portanto, mesmo que essa r. vara reconheça a existência de vínculo de emprego, não há que se falar em horas extras.

9. O reclamante jamais laborou em local insalubre como alegou, o que poderá ser constatado por exame pericial.

10. Inepto, *data venia*, o pedido de pagamento em virtude de despedida "em fase de exercício", por falta de amparo legal.

11. Não houve, ademais, despedimento, mas sim o reclamante é que deixou de prestar serviços à reclamada. Portanto, não é devida nenhuma das verbas requeridas na inicial.

Ex positis, é a presente para esperar dessa r. Vara digne-se em julgar improcedente a reclamatória, condenando-se o reclamante nas despesas processuais.

Pede deferimento.

São Paulo, (data).

pp.:

(nome e nº da inscrição na OAB)

18.5 Recurso ordinário

Exmo. Sr. Dr. Juiz do Trabalho da Vara de São Paulo/SP

Processo nº:

Empresa X Ltda., já qualificada nos autos da reclamação trabalhista que lhe move José dos Grudes, por seu advogado regularmente constituído, vem, respeitosamente, à presença de V. Exa., não se conformando, *data venia*, com a r. sentença de fls., dela recorrer, nos termos do art. 895 da CLT.

Requerendo o processamento do recurso e juntando guia de recolhimento de custas (DARF) e guia de depósito recursal (FGTS).

Nestes termos,

P. deferimento.

São Paulo, (data).

pp.:

(nome e nº de inscrição na OAB)

Razões de Recurso Ordinário (na página seguinte)

Recorrente: Empresa X Ltda.

Recorrido: José dos Grudes

Egrégio Tribunal!

Não obstante o brilho com que foi prolatada, a r. sentença de fls. não fez total justiça à recorrente.

Reconheceu a MMª Vara, *data venia*, de forma equivocada a relação de emprego entre a recorrente e o recorrido.

Ocorre que a recorrente celebrou contrato de prestação de serviços com a empresa já anteriormente constituída pelo recorrido, e esse fato, por si só, já impede a existência da relação de emprego.

Não obstante, o próprio recorrido admite essa prestação de serviços em sua inicial ao pedir a nulidade do contrato de prestação de serviços autônomos que prestava através da empresa por ele constituída.

A r. sentença entendeu como subordinação o fato das funções exercidas pelo recorrido serem elaboradas pelo Sr. José. Ora, mesmo sendo o trabalhador autônomo e não sendo subordinado hierarquicamente, as tarefas a cumprir devem ser estabelecidas para que o prestador de serviços não faça *qualquer* serviço a seu critério pessoal.

E, ainda, não ficou provado pelo recorrido a pessoalidade, uma vez que ele poderia ser substituído em suas tarefas, pelo simples fato de ser um prestador de serviços, constituído em empresa.

Desta forma, não pode ser reconhecido o vínculo empregatício entre a recorrente e o recorrido por existir um contrato de prestação de serviços celebrado entre duas empresas e também por inexistentes os requisitos do art. 3.° da CLT.

Portanto, são as presentes razões para esperar desse egrégio Tribunal digne-se em dar provimento ao recurso, absolvendo-se a recorrente da condenação no pagamento de todas as verbas decorrentes do reconhecimento da relação de emprego, a qual é inexistente.

Agindo da forma aqui requerida, essa eg. Corte estará, como é de costume e tradição, prestando um inigualável tributo à causa da justiça!

São Paulo, (data).

pp.:

(nome e n° da inscrição na OAB)

18.6 Recurso de revista

Exmo. Sr. Dr. Desembargador Presidente do Egrégio Tribunal Regional do Trabalho da 2.ª Região

Processo n°:

José dos Grudes, por seu advogado infra-assinado, vem, respeitosamente, à presença de V. Exa., nos autos da reclamatória que move contra Empresa X Ltda., não se conformando, *data venia*, com o V. acórdão de fls., contra o mesmo interpor recurso de revista, com fundamento no art. 896, *a*, da Consolidação das Leis do Trabalho.

Nestes termos,

P. deferimento.

São Paulo, 25 de setembro de 1998.

pp.:

(nome e n° da inscrição na OAB)

Razões de Recurso de Revista (na página seguinte)

Recorrente: José dos Grudes

Recorrido: Empresa X Ltda.

Colendo Tribunal!

Não obstante o brilho com que foi prolatado, o v. acórdão não fez justiça ao recorrente.

Com efeito, ao negar provimento ao recurso ordinário do empregado não reconhecendo como salário a utilização do veículo fornecido pela recorrida, e, ainda, não determinando o pagamento de indenização pelo não fornecimento de guias do seguro desemprego, a v. decisão *a quo*, divergiu do entendimento dado às matérias ora discutidas, entendimento divergente da que lhes deram os eg. Tribunais Regionais da Bahia e o do Rio de Janeiro, quando assim decidiram:

"Descumprindo o empregador a obrigação de liberar as guias para recebimento do benefício, causa um prejuízo material ao empregado, devendo ser responsabilizado por sua atitude." (TRT/BA, RO 431.930.767-50, Ac. 6.ª T., 23.891/94, publicado no livro *Nova jurisprudência em direito do trabalho*, 1996, 1.° semestre, p. 601, verbete 3.821, repertório oficializado por esse TST, sob n. 10/95).

"Restando comprovado que o veículo fornecido pela empresa era utilizado indistintamente para fins de trabalho e de lazer, configura-se o salário utilidade, que integra a remuneração do empregado para todos os efeitos legais." (TRT-1.ª R., RO 27.066/94, 8.ª T., Rel. Juiz Mário de Medeiros, publicado no DJRJ 17.01.1996, p. 77).

Ora, está claro, *data venia,* que as duas decisões *supra* melhor interpretaram o disposto no art. 458 da CLT, bem como com a moderna interpretação dada à lei do seguro-desemprego, combinado com o Código Civil, que determina o pagamento de indenização quando não há liberação da guia CD.

Quanto ao veículo, melhor sorte não merece a r. decisão ora em discussão, pois utilizando o veículo indiscriminadamente, ou seja, tanto no trabalho quanto nas horas de lazer, correto o entendimento de que tal fornecimento se constitui em salário.

É pacífico na doutrina que será considerado salário qualquer benefício que é feito pelo empregador ao empregado, quando este só poderia satisfazê-lo através de seu salário.

Essa c. Corte assim se pronunciou em caso semelhante:

"Veículo. Uso irrestrito. Se o uso do veículo da empresa perfaz-se de modo amplo e irrestrito pelo empregado que o recebe, o qual pode destiná-lo ao lazer em horários alheios à jornada de trabalho ou nos dias de repouso, por liberalidade expressa ou tácita de empregador, neste período identifica-se como salário-utilidade. Precedentes. Revista parcialmente conhecida e desprovida." (TST-2.ª R., RR 4.552/87.1, Ac. 1.ª T, 2.716/90.1, Rel. Min. Fernando Vilar, DJU 22.02.1991, p. 1.396).

Logo, espera o recorrente que esse c. Tribunal dê provimento a este recurso, para declarar como salário a utilização do veículo fornecido pela recorrida, bem como determinar o pagamento da indenização pelo não-fornecimento das guias de seguro-desemprego.

Agindo da forma aqui requerida, essa c. Corte estará, como é de costume e tradição, prestando um inigualável tributo à causa da justiça!

pp.:

(nome e n° da inscrição na OAB)

18.7 Agravo de instrumento

Exmo. Sr. Dr. Juiz do Trabalho da Vara da Capital/SP

Processo n°:

Empresa X Ltda., por seu advogado infra-assinado, vem, respeitosamente, à presença de V. Exa., nos autos da reclamatória que lhe move José dos Grudes, tendo em vista o r. despacho denegatório do recurso ordinário, interpor agravo de instrumento.

Juntando as peças abaixo indicadas, requer o processamento do agravo como de direito.

Nestes termos,

P. deferimento.

São Paulo, (data).

pp.:

(nome e n° de inscrição na OAB)

Peças a serem trasladadas:

Petição inicial

Procuração ao advogado do reclamante

Contestação

Procuração ao advogado da reclamada

Sentença

Intimação da sentença

Recurso ordinário

Despacho denegatório

Intimação do despacho denegatório

Razões de Agravo de Instrumento (na página seguinte)

Agravante: Empresa X Ltda.

Agravado: José dos Grudes.

Egrégio Tribunal!

Após ser prolatada a r. sentença, a qual julgou procedente em parte a reclamação, a agravante interpôs recurso ordinário, ao qual foi denegado seguimento, conforme o r. despacho de fls., por entender o MM. Juiz *a quo*, ter sido o apelo interposto intempestivamente.

A agravante foi notificada da sentença no dia 8 de janeiro de 1999, uma sexta-feira, sendo que o recurso ordinário foi interposto no dia 18 do mesmo mês, ou seja, no oitavo dia do prazo previsto em lei.

É fácil, *data venia*, de se concluir o equívoco do r. despacho denegatório, pois o prazo para início da contagem do prazo para a interposição do recurso teve início na segunda-feira, dia 11 de janeiro de 1999, consoante a previsão do Enunciado n° 1 do c. Tribunal Superior do Trabalho.

Portanto, é o presente agravo de instrumento para esperar desse eg. Tribunal digne-se em dar provimento a este, julgando-se o recurso ordinário interposto.

Agindo da forma aqui requerida, essa eg. Corte estará, como é de costume e tradição, prestando um inigualável tributo à causa da justiça!

pp.:

(nome e n° de inscrição na OAB)

18.8 Agravo de petição

Exmo. Sr. Dr. Juiz do Trabalho da Vara da Capital/SP

Processo n°:

José dos Grudes, por seu advogado infra-assinado, vem, respeitosamente, à presença de V. Exa., nos autos da reclamatória *supra*, tomando conhecimento da r. decisão de fls. 332, não se conformando, *data venia*, com a mesma, dela interpor agravo de petição, nos precisos termos da inclusa minuta.

Requerendo o processamento do agravo ora interposto nos próprios autos, por medida de economia processual,

P. deferimento.

São Paulo, (data).

pp.:

(nome e n° da inscrição na OAB)

Razões de Agravo de Petição (na página seguinte)

Agravante: José dos Grudes.

Agravado: Empresa X Ltda. Egrégio Tribunal!

Interpõe o agravante o presente recurso, uma vez, os termos da r. decisão de fls. 332, a qual rejeitou liminarmente a impugnação oferecida contra a r. sentença de liquidação.

O agravante, ao tomar ciência do despacho de fls. 247, reapresentou seus cálculos (fls. 251), obedecendo ao critério declarado pela agravada.

Todavia, o agravante, ao contrário do que pretendia a agravada, usou de suas informações, isto é, da evolução salarial do último período de 12 (doze) meses, só que como manda a equidade, atualizando monetariamente ditos valores.

Determinada a realização de perícia por esse r. Juízo (fls. 258), esta (fls. 264 e seguintes) chegou a um valor muito próximo do alcançado pelo agravante, tanto que às fls. 274, vê-se que o Sr. Perito faz os lançamentos mês a mês devidamente atualizados.

Às fls. 209, o agravante denuncia apenas um equívoco do Sr. Perito quanto à aplicação de juros sobre o valor do FGTS, o que foi pelo mesmo aceito (fls. 295).

Em atendimento ao r. despacho de fls. 295, o agravante pronunciou-se às fls. 16, esclarecendo que, ao concordar o mesmo com a apuração da média salarial, o fez desde que fossem os salários corrigidos, como amplamente demonstrado acima.

No sentido de que os salários devem sofrer atualização, é o teor dos seguintes julgados:

"Atualização dos valores das comissões. É devida a atualização dos valores das comissões percebidas no período aquisitivo para a determinação da média mensal a ser atualizada na fixação dos valores dos 13.° salários, férias e aviso prévio, do obreiro comissionado." (TST, RR 160503/95-4, Rel. Min. Ursulino Santos, Ac. 1.ª T, 4257/95).

"Cálculos pela média. Atualização dos valores pagos. Tendo o autor auferido comissões no período anterior ao Plano Collor, época em que se verificou alta inflação, deverão, as parcelas pagas ser corrigidas pelo IPC, sob pena de grave prejuízo ao demandante." (TRT/SP, 2930378195, Rel. Juiz Gualdo Amaury Formica, Ac. 7ª T., 17997/95).

Ora, prestigiar-se os argumentos da agravada de que a média salarial deva ser efetuada sem correção é, *data venia*, prestigiar-se o enriquecimento ilícito por parte da mesma, já que o período de apuração foi de inflação elevada.

Portanto, é a presente minuta para esperar desse eg. Tribunal digne-se em dar provimento ao agravo interposto, condenando-se a agravada a pagar o valor de R$ 102.325,13 (até o 1° de novembro de 1996), devidamente corrigido e atualizado com juros de mora, descontando-se o valor já depositado pela mesma, levando-se em conta o laudo pericial de fls. 265 e seguintes, a impugnação de fls. 290 e a concordância do Sr. Perito às fls. 295.

Agindo da forma aqui requerida, essa eg. Corte estará, como é de costume e tradição, prestando um inigualável tributo à causa da justiça!

pp.:

(nome e n° da inscrição na OAB)

18.9 Embargos de declaração

Exmo. Sr. Dr. Juiz do Trabalho da Vara da Capital/SP

Processo n°:

José dos Grudes, por seu advogado infra-assinado, vem, respeitosamente, a V. Exa., nos autos da reclamatória que move contra Empresa

X Ltda., opor embargos de declaração, nos termos do art. 897-A da CLT, uma vez que há, *data venia*, omissão na r. sentença, já que foi pedido na inicial o pagamento de férias (item *d* do pedido), cuja causa de pedir está descrita no item 7 da peça vestibular.

Uma vez que a reclamada não fez prova do pagamento das férias de todo o período, é de se deferir, *data venia*, o pedido do reclamante.

Nestes termos,

P. deferimento.

São Paulo, (data).

pp.:

(nome e n° da inscrição na OAB)

18.10 Embargos à execução

Exmo. Sr. Dr. Juiz do Trabalho da Vara da Capital/SP

Processo n°:

Empresa X Ltda., por seu advogado infra-assinado, vem, respeitosamente, à presença de V. Exa., nos autos da reclamatória que move contra José dos Grudes, opor embargos de execução, pelos pressupostos de fato e de direito a seguir expostos:

1. Pela r. decisão de fls. 373, o ilustre Julgador houve por bem homologar os cálculos apresentados pela embargada; fundamentando dita decisão no § 2.° do art. 879 consolidado.

2. Ocorre, todavia, que referido diploma legal estabelece:

"§ 2° Elaborada a conta e tornada líquida, o juiz poderá abrir às partes prazo sucessivo de 10 (dez) dias para impugnação fundamentada com a indicação dos itens e valores objeto da discordância, sob pena de preclusão."

3. Portanto, a embargante deveria se pronunciar sob pena de preclusão, somente se a conta tivesse sido elaborada por contador, e não pela parte contrária.

4. Tanto é verdade o *supra* alegado, que a lei diz "*(...) O juiz poderá abrir às partes prazo sucessivo de 10 (dez) dias (...)*"; isto quer dizer que a previsão do referido § 2.° do art. 879 deverá somente ser aplicada no

caso de conta elaborada por contador, portanto um terceiro, abrindo-se às partes o prazo para impugnação, atentando-se que a lei diz quanto ao prazo que este será sucessivo.

Portanto, não é a determinação legal para ser aplicada quando a conta é apresentada por uma das partes.

Expositis, são os presentes embargos para esperar de V. Exa. digne-se em julgá-los procedentes determinando-se a remessa dos autos à contadoria judicial, ou que, de outro modo, nomeie perito contábil para a elaboração de laudo técnico, em que se tenha a certeza e a liquidez do crédito da embargada.

Nestes termos,

P. deferimento.

São Paulo, (data).

pp.:
(nome e n° da inscrição na OAB)

18.11 Impugnação à sentença de liquidação

Exmo. Sr. Dr. Juiz do Trabalho da Vara da Capital/SP

Processo n°:

José dos Grudes, por seu advogado infra-assinado, vem, respeitosamente, à presença de V. Exa., nos autos da reclamatória que move contra Empresa X Ltda., impugnar a r. sentença de liquidação, pelos motivos a seguir expostos.

Da oportunidade da impugnação

É esta a oportunidade para o que exequente impugne a r. sentença de fls. 320, pois somente agora, em virtude da notificação de fls. 326, é que teve o mesmo ciência daquela, e que havia o executado quitado a dívida.

Neste sentido, além dos termos do art. 884, § 3.° da CLT, é o teor do seguinte julgado:

"Execução. Impugnação do exequente à sentença de liquidação. À luz do art. 884 da CLT, o termo inicial do prazo legal com que conta o exequente para impugnar a sentença de liquidação flui da ciência da efetivação da penhora ou, quando não, da ciência da efetivação do depósito pecuniário realizado pelo executado para pagamento do débito e não da ciência em secretaria do valor depositado. Do contrário, reservar-se-ia apenas ao talante do exequente regular o prazo para a prática de tal ato processual". (TRT 9ª R, 3ª T., Ac. 15046/96, Rel. Juiz João Oreste Dalazen, DJPR 02.08.1996, p. 489).

Das Razões da Impugnação

O exequente, ao tomar ciência do despacho de fls. 247, reapresentou seus cálculos (fls. 251), obedecendo ao critério declarado pela executada.

Todavia, o exequente, ao contrário do que pretendia a executada, usou de suas informações, isto é, da evolução salarial do último período de 12 (doze) meses, só que, como manda a equidade, atualizando monetariamente ditos valores.

Determinada a realização de perícia por esse r. Juízo (fls. 258), esta (fls. 264 e seguintes) chegou a um valor muito próximo do alcançado pelo exequente, tanto que às fls. 274, vê-se que o Sr. Perito faz os lançamentos mês a mês, devidamente atualizados.

Às fls. 290, o exequente denuncia apenas um equívoco do Sr. Perito quanto à aplicação de juros sobre o valor do FGTS, o que foi pelo mesmo aceito (fls. 295).

Em atendimento ao r. despacho de fls. 295, o exequente pronunciou-se às fls. 316, esclarecendo que, ao concordar o mesmo com a apuração da média salarial, o fez desde que fossem os salários corrigidos, como amplamente demonstrado acima.

No sentido de que os salários devem sofrer atualização, é o teor dos seguintes julgados:

"A questão relativa à atualização das comissões pode ser entendida, por analogia, como a das horas extras, sendo calculadas pela média, e rescisão. Assim, as comissões devem ser atualizadas monetariamente para efeito de pagamento de férias, 13.° salário e verbas rescisórias" (TRT-9.ª R., 3.ª T., Ac. 27163/95, Rel. Juiz Arnaldo Ferreira, OJPR 10.11.1995, p. 8).

"A média das comissões dos últimos doze meses, de que trata o art. 478, § 4.°, da CLT, deve trazer a atualização de cada parcela, nominal, apurar-se um quantum muito aquém da média real, configurando-se em efetiva redução salarial" (TRT-3.ª R., 3.ª T., RO 1821/95, Rel. Juíza Maria Laura L. de Faria, DJMG 04.04.1995, p. 51).

Portanto, é a presente impugnação para esperar desse r. Juízo digne-se em acolhê-la, para condenar a executada a pagar o valor de R$ 102.325,13 (até ...), devidamente corrigido e atualizado com juros de mora, descontando-se o valor já depositado pela mesma, levando-se em conta o laudo pericial de fls. 265 e seguintes, a impugnação de fls. 290 e a concordância do Sr. Perito à fls. 295.

Nestes termos, requerendo o prosseguimento da execução nos precisos termos da lei.

P. deferimento.

São Paulo, (data).

pp.:

(nome e n° da inscrição na OAB)

18.12 Embargos de terceiro

Exmo. Sr. Dr. Juiz do Trabalho da 7.ª Vara de São Paulo/SP

Recte: José dos Grudes

Recda. Massa Falida de Empresa X Ltda.

Processo n.º

José Carlos Qualquer Coisa, por seu advogado infra-assinado, nos autos da Reclamação Trabalhista proposta por José dos Grudes, em face de Massa Falida de Empresa X Ltda., vem, respeitosamente, à presença de V. Exa., opor embargos de terceiro, pelos motivos a seguir expostos:

1. Teve o Embargante penhorado um veículo de sua propriedade, somente pelo fato de o mesmo no dia 10.4.2007 encontrar-se estacionado na vaga destinada ao presidente da empresa.

2. No dia acima, o Embargante se dirigiu à empresa única e tão somente para apresentar ao setor comercial da mesma um produto para ser por esta vendido.

3. Ao chegar à empresa, o segurança, por não existirem vagas no estacionamento, pediu ao Embargante que este estacionasse seu veículo na vaga do presidente, o qual não iria à empresa naquele dia.

4. Enquanto estava reunido na sede da empresa, seu veículo foi penhorado, pois o Sr. Oficial de Justiça pensou tratar-se de bem da devedora.

5. Portanto, conforme comprovam os documentos ora juntados, o veículo penhora é de propriedade do Embargante e não da Recda., razão pela qual requer a V.Exa. digne-se em liberá-lo da penhora que sobre ele existe, comunicando-se ao Detran para que cancele o bloqueio do mesmo.

6. Requerendo a procedência *liminar* destes Embargos, ou que, de outro, modo, notifique o Reclamante dos autos supra para os termos desta ação, julgando-a procedente, e dando-se à causa o valor de R$ 5.000,00,

P. deferimento.

São Paulo, (data).

pp.:

(nome e n° da inscrição na OAB)

18.13 Reclamação correcional

Exmo. Sr. Dr. Juiz do Trabalho da 4.ª Vara de Osasco/SP.

Processo n°

Empresa X Ltda., por seu advogado infra-assinado, nos autos da Reclamatória que lhe move José dos Grudes, vem, respeitosamente, à presença de V. Exa., interpor reclamação correcional, com fulcro nos arts. 52 a 58, do Regimento Interno do E. Tribunal Regional do Trabalho da Segunda Região.

Requer, com fundamento no art. 55 do Regimento Interno, digne-se V. Exa. em reconsiderar a r. decisão de fls. 460, homologando os cálculos apresentados pela Ré, ou que, de outro modo, proceda a autuação e envio da correição à Egrégia Corregedoria.

Nestes termos, juntando as peças necessárias para a eventual autuação, requerendo-se, caso necessário, autenticação das mesmas,

P. deferimento.

São Paulo, (data).

pp.:

(nome e n° da inscrição na OAB)

Razões de reclamação correcional (na página seguinte)

Corrigendo: MM. Juiz da 4.ª Vara do Trabalho de Osasco

Processo n°

Autor: José dos Grudes

Ré: Empresa X Ltda.

Înclito Corregedor!

1. Em 07.02.2008, após o trânsito em julgado do v. Acórdão (fls. 393/399), o Nobre Juízo determinou que o Autor apresentasse cálculos de liquidação, em 10 dias, sob pena de arquivamento (r. despacho de fls. 401).

1.1. Os referidos cálculos somente foram apresentados no dia 04.03.2008, ou seja, fora do prazo legal, conforme se comprova às fls. 402/403.

2. No dia 26.03.2008 houve publicação para que a Ré contestasse os cálculos ofertados pelo Reclamante (fls. 422).

2.1. Em 07.04.2008 a Ré protocolou sua impugnação aos cálculos do Autor, bem como apresentou os valores devidos (fls. 424/427).

3. No dia 16.04.2008 o Meritíssimo Juiz concedeu prazo de 10 dias à parte contrária para manifestação sobre os valores apresentados pela Ré, como se constata do r. despacho de fls. 437.

3.1. Ocorre que, novamente, o Autor deixou transcorrer *in albis* o prazo de que trata o art. 879, § 2.°, da CLT, tendo apresentado sua manifestação somente em 23.07.2008, ou seja, após 3 meses do prazo legal.

3.2. Note-se que o próprio juízo à fls. 439 ressaltou:

"Junte-se apenas para constar, face a intempestividade da presente, conforme decurso de prazo de fl. 438, verso."

4. Em razão da intempestividade da manifestação do Autor, o Ilustre Juízo homologou os cálculos apresentados pela Ré, conforme r. Sentença de liquidação de fls. 457, sendo tal decisão publicada em 13.01.2009 (fls. 459).

5. No mesmo dia 13.01.2009, o Autor apresentou manifestação sobre os cálculos da Ré, alegando que havia descumprido o prazo judicial, pois acreditava que referida intimação (fls. 437), fosse destinada à Ré.

5.1. Transcreve-se, abaixo, a referida intimação:

"Despacho: *Intimação Contestar Cálculos*

"Opção: *Para o(s) Autor(es)*

"Texto: *Intimação: Contestar cálculos de liquidação (art. 879, § 2.°, da CLT), em 10 dias. Fls. 424.*

"Advogado(s):

"Publicado no DOE em 16.04.2008" (grifo nosso)

5.2. Ora, Nobre Corregedor, *data maxima venia*, como pode o Autor alegar que "*o despacho publicado, transcrito acima, é omisso quanto à parte a quem se dirige a determinação*". Ainda, aduz que "*o Reclamante foi induzido à erro* (sic)" (fls. 461).

5.3. O r. despacho de fls. 437 é absurdamente claro, constando além da parte a quem foi dirigido (Autor), *o nome da advogada da parte (Dra. FULANA DE TAL).*

5.4. Como podem pairar dúvidas sobre a quem se destina o r. despacho de fls. 437?

5.5. Em verdade, beira à litigância de má-fé as assertivas lançadas pelo Autor em sua *intempestiva* manifestação de fls. 460/464.

6. Não obstante os fatos narrados, para surpresa da Ré, o Ilustre Juízo, Dr. Milton Amadeu Junior, tornou sem efeito a r. Sentença de liquidação, como se observa do despacho de fls. 460, abaixo transcrito:

"Reconsidero o despacho de fls. 457, tornando o mesmo sem efeito.

"Venham os autos conclusos a fim de se deliberar sobre o valor a ser homologado".

7. Ora, Insigne Corregedor, *data venia*, referida conduta afronta os fundamentos nucleares do Direito Processual do Trabalho, em especial no que diz respeito à preclusão.

7.1. O art. 879, § 2.°, da CLT, determina expressamente a preclusão se o magistrado abrir vista às partes para manifestação sobre cálculos e não haver impugnação no prazo de 10 dias.

8. Ainda, cumpre notar que o Autor utiliza medida processual inadequada para questionar a r. Sentença de liquidação, eis que consoante disposição do art. 884, o remédio jurídico adequado para tanto

seria a Impugnação à Sentença de Liquidação, o que não é a hipótese dos autos.

9. Assim, tem-se que a r. decisão de fls. 460 que tornou sem efeito a r. Sentença de liquidação, a qual havia homologado os cálculos apresentados pela Ré, implica tumulto a boa ordem processual, além de causar claro prejuízo à Ré.

10. Portanto, é a presente reclamação para esperar dessa E. Corregedoria digne-se em desconsiderar o r. despacho de fls. 460, determinando-se que seja desentranhada dos autos a petição de fls. 460/464, por extemporânea.

11. Dessa forma, requer se digne essa E. Corregedoria determinar a homologação dos valores apresentados tempestivamente pela Ré, por medida de direito.

P. deferimento.

pp.:

(nome e n° da inscrição na OAB)

18.14 Mandado de segurança

Exmo. Sr. Dr. Juiz do Trabalho da 1.ª Vara de São Paulo/SP.

Hospital Vai Com Deus, entidade sem fins lucrativos, localizada na Rua..., São Paulo-SP, CEP, inscrita no CNPJ sob n. ..., por seu advogado infra-assinado, vem, respeitosamente, à presença de V. Exa., com apoio no art. 5.º, LXIX, da Constituição Federal e nos termos da Lei 1.533/1951, impetrar o seguinte *mandado de segurança com pedido de liminar* contra ato da *Ilma. Sra. Dra. Superintendente Regional do Trabalho e Emprego no Estado de São Paulo, SRTE/SP, Sra. Fulana Da Silva*, com endereço na Rua ..., em razão dos motivos e razões a seguir expostas.

1. A Impetrante é um hospital beneficente, que tem mais de 1.000 (um mil) empregados registrados, e que presta relevantes serviços à comunidade, à cidade, ao estado e ao país (documento anexo).

2. Como se verifica do incluso Auto de Infração n° 0000000, a Impetrante foi multada em R$ 89.634,75, por não contar com um determinado número de empregados portadores de necessidades especiais.

2.1. Cumpre ressaltar que a Impetrante tem em seus quadros 18 empregados portadores de necessidades especiais, conforme documentos em anexo.

2.2. Além disso, a Impetrante vem buscando ativamente, desde 2006, ampliar o número de empregados em tais situações, tendo participado de reuniões na SRT, bem como procurado auxílio do sindicato, o qual, inclusive, iniciou tratativas com referida SRT a fim de solucionar amigavelmente a questão.

3. A impetrante, inconformada com a autuação e multa aplicada, apresentou defesa administrativa.

3.1. Todavia, ao proferir a decisão sobre o mencionado Auto de Infração, a SRT julgou subsistente o auto e manteve a multa imposta de quase R$ 90.000,00.

3.2. Irresignada com tal decisão, a Impetrante interpôs recurso administrativo com pedido liminar para não efetuar o depósito da multa acima referida, tendo por base sua inconstitucionalidade, como, aliás, já se pronunciou o Colendo Tribunal Superior do Trabalho, *in verbis*:

"Assim, é de concluir que o condicionamento do recebimento do recurso administrativo à comprovação de depósito integral do valor da multa aplicada compromete o exercício do direito de petição e ao contraditório e à ampla defesa, com os meios e recursos a ela pertinentes, prerrogativas que devem ser conferidas mesmo no âmbito recursal administrativo, sob pena de se lhes retirar a eficácia da garantia constitucional. Não conheço" (RR 11414/2005-000-02-00.6, Rel. Min. Barros Levenhagen, DJU 26.10.2007) (grifos nossos).

3.3. Ocorre que o apelo não foi analisado, uma vez que a Impetrada sequer observou o pedido liminar, decidindo por não dar seguimento ao referido recurso ante a ausência do depósito prévio.

3.4. Veja, Nobre Julgador, que a Impetrante não efetuou o depósito prévio por entender, *venia permissa*, que tal depósito é inconstitucional.

3.5. De notar que o duplo grau administrativo encontra-se implícito no art. 5.°, LV, da Lei Fundamental. Portanto, a exigência de depósito prévio da multa obsta o exercício do referido direito fundamental, concluindo-se, de tal arte, pela inconstitucionalidade do § 1.°, do art. 636, da CLT.

3.6. Corroborando a tese ora apresentada, colaciona-se o seguinte julgado deste Egrégio Tribunal Regional:

"Recurso ordinário em mandado de segurança da União. Recurso administrativo. Exigência de depósito prévio do valor da multa para recorrer. A exigência de depósito prévio do valor total ou parcial da multa correspondente a uma indevida antecipação dos efeitos da decisão administrativa ainda em discussão, a qual em nada se assemelha ao simples recolhimento das custas processuais como condição de admissibilidade recursal. Assim, considerando que o duplo grau administrativo está implícito no inciso LV do art. 5.° da CF, *tem-se que a exigência do depósito prévio do valor total ou parcial da multa como condição ao uso do recurso administrativo inibe o exercício daquele direito fundamental, razão pela qual a referida regra contida no § 1.° do art. 636 da CLT não foi recepcionada.* Por esse motivo a sentença que concede a segurança deve ser mantida íntegra. Negado provimento ao recurso" (TRT-2.ª R., ROMS 01439200506500200 7, Ac. SDI 2005036658, Rel. Des. Marcelo Freire Gonçalves, DJSP 17.02.2006, p. 278 – grifos nossos).

3.7. Idêntica é a lição de Eduardo Gabriel Saad (*in* **CLT comentada**. 40ª ed., LTr, 2007, p. 706, nota 2.1), ao comentar o § 1.°, do art. 636, da CLT, afirmando:

"O duplo grau de jurisdição está implícito no art. 5.° e demais disposições sobre organização do poder Judiciário e o depósito prévio inibe o exercício dessa faculdade fundamental."

3.8. Dessa forma, resta caracterizada a violação a direito líquido e certo da Impetrante, qual seja: direito de petição, duplo grau administrativo, ampla defesa e contraditório.

4. Como Vossa Excelência pode constatar, o perigo da demora na concessão de medida liminar, poderá levar a que a Impetrante sofra um grande prejuízo, qual seja, o pagamento de uma multa de quase R$ 90.000,00, sem que a Impetrante tenha tido direito ao devido processo legal, eis que não observados os princípios da ampla defesa e contraditório, duplo grau e direito de petição.

4.1. Ainda, em razão do ato praticado pela autoridade coatora, a Impetrante corre o risco de sofrer uma indevida execução fiscal, tendo em vista que a Impetrante foi notificada a comprovar o pagamento da multa imposta, no prazo improrrogável de 6 dias, sob pena de inscrição do débito em Dívida Ativa da União, conforme documento em anexo.

4.2. Em casos semelhantes assim já se julgou:

"Mandado de segurança preventivo. Ameaça de lesão a direito líquido e certo. Para a concessão da segurança preventiva, a ameaça tem que possuir as características ensejadoras do mandado, quais sejam: ser real e atual. A ameaça deve ser objetiva, isto é, configurada por fatos e atos, e não baseada em meras suposições. Deve, ainda, ser atual, ou seja, existir no momento, não sendo suficiente que tenha existido ou que, eventualmente, venha a ocorrer" (TRT-3.ª R., OE-MS 327/97, Rel. Juiz Alfio A. dos Santos, DJMG 01.12.1998, p. 3, RDT 1/99, pág. 62).

4.3. Logo, a *violação* ao direito fundamental de petição, duplo grau administrativo, ampla defesa e contraditório da Impetrante, bem como a *ameaça* de inscrição do débito em Dívida Ativa da União, ensejando injusta execução fiscal está, *data venia*, comprovado.

4.4. Requer-se assim, a concessão de *medida liminar*, para que a autoridade coatora aprecie o mérito do recurso administrativo interposto, decidindo acerca do referido apelo administrativo, além de se abster de encaminhar o referido auto de infração à Procuradoria da Fazenda Nacional para inscrição do débito na Dívida Ativa da União.

Dos pressupostos da medida liminar

5. A medida ora pleiteada comporta prestação preliminar, o que desde já se requer, eis que presentes todos os pressupostos necessários para o deferimento da mesma.

5.1 A plausibilidade jurídica da concessão da liminar encontra-se devidamente caracterizada na presente. O *fumus boni iuris* foi devidamente demonstrado pelos elementos fáticos e jurídicos trazidos à colação.

5.2. Da mesma forma se pode verificar a incidência do *periculum in mora* que repousa, ainda, na ameaça e no prejuízo exaustivamente demonstrados, e, principalmente por se tratar de um hospital beneficente diante do flagrante desrespeito às garantias fundamentais.

5.3. Realmente, como ensina Hely Lopes Meirelles, *in Mandado de segurança, ação popular, ação civil pública, mandado de injunção*, habeas data, ed. Malheiros, 1992, p. 25/26:

"Direito líquido e certo é o que se apresenta manifesto na sua existência, delimitado na sua extensão e apto a ser exercitado no momento da impetração. Por outras palavras, o direito invocado, para ser amparável por mandado de segurança, há de vir expresso em norma legal e trazer em si todos os requisitos e condições de sua aplicação ao impetrante" (grifos nossos).

5.4. E Lauro Laertes de Oliveira, *in Mandado de segurança, prática, processo e jurisprudência*, 4.ª ed., p. 29, dá os conceitos de:

"a) *Ato ilegal* é aquele que se pratica contra a lei. Ocorre quando a autoridade contraria frontalmente disposição expressa. Por conseguinte, no caso de ilegalidade, a autoridade age como se não existisse a lei, ou como se a mesma não dispusesse da forma que realmente expõe.

"b) *Abuso de poder* ocorre quando o ato é praticado sem lei que o regulamente. Então, a autoridade coatora praticamente legisla e cria uma situação não prevista e nem autorizada legalmente" (grifos nossos).

Ex positis, em razão da ilegalidade e do abuso de autoridade noticiados, praticados sem amparo jurídico e fático, requer o Impetrante se digne Vossa Excelência conceder em face do presente *mandamus*, a pretendida *medida liminar*, para determinar que a autoridade coatora se pronuncie sobre o recurso interposto, analisando e decidindo seu mérito, sem se cogitar de qualquer espécie de depósito prévio, além de se abster de encaminhar o referido auto de infração à Procuradoria da Fazenda Nacional para inscrição do débito na Dívida Ativa da União e que, ao final, seja concedida em definitivo a segurança, por ser medida da mais relevante *justiça*!

Requer, ainda, citação da autoridade coatora, pelo que junta cópias, e dando à causa o valor de R$ 1.000,00,

P. deferimento.

São Paulo, (data).

pp.:

(nome e n° da inscrição na OAB)

BIBLIOGRAFIA

AEROSA, Ricardo. *Manual do processo trabalhista*. Rio de Janeiro: Forense, 1998. vol. 1.

ALMEIDA, Lúcio Rodrigues de. *Execução trabalhista*. Rio de Janeiro: Aide, 1997.

BATALHA, Wilson de Souza Campos. *Tratado de direito judiciário do trabalho*. São Paulo: LTr, 1995.

CÂNDIA, Ralph. *Noções sistemáticas de direito processual do trabalho*. São Paulo: LTr, 1998.

CARDONE, Marly A. *Advocacia trabalhista*. 13. ed. São Paulo: Saraiva, 1994.

CARRION, Valentin. *Comentários à Consolidação das Leis do Trabalho*. 20. ed. São Paulo: Saraiva, 1995.

CAVALCANTE, Joubert de Quadros Pessoa; JORGE NETO, Francisco Ferreira. *Prática jurídica trabalhista*. São Paulo: Atlas, 2010.

COQUEIJO COSTA, Carlos. *Direito processual do trabalho*. 4. ed. Rio de Janeiro: Forense, 1995.

COSTA, José de Ribamar da. *Direito processual do trabalho*. 2. ed. São Paulo: LTr, 1986.

FERNANDES, José Carlos de Figueiredo. *Processo de execução do trabalho*. Rio de Janeiro: Forense, 1997.

FERRARI, Irany; MARTINS, Melchiades Rodrigues. *Julgados trabalhistas selecionados*. São Paulo: LTr, 1994-1995.

GIGLIO, Wagner. *Direito processual do trabalho*. 8. ed. São Paulo: LTr, 1994.

GONÇALVES, Emílio. *Manual de prática processual trabalhista*. São Paulo: LTr, 1995.

_____. *O preposto do empregador no processo trabalhista*. São Paulo: LTr, 1995.

LIMA, Francisco Gérson Marques de. *Direito processual do trabalho*. São Paulo: Malheiros, 1994.

LIMA, Francisco Meton Marques de. *Elementos de direito do trabalho e processo trabalhista*. 2. ed. São Paulo: LTr, 1990.

MALTA, Christóvão Piragibe Tostes. *A execução no processo trabalhista*. São Paulo: LTr, 1996.

_____. *Prática do processo trabalhista*. 27. ed. São Paulo: LTr, 1996.

MARTINS, Sérgio Pinto. *Direito processual do trabalho*. 5. ed. São Paulo: Atlas, 1997.

MARTINS FILHO, Ives Gandra da Silva. *Manual esquemático de direito e processo do trabalho*. 4. ed. São Paulo: Saraiva, 1994.

NASCIMENTO, Amauri Mascaro. *Curso de direito processual do trabalho*. 24. ed. São Paulo: Saraiva, 2009.

NEGRÃO, Theotonio. *Código de Processo Civil*. 28. ed. São Paulo: Saraiva, 1997.

OLIVEIRA, Francisco Antônio de. *Manual de processo do trabalho*. São Paulo: Ed. RT, 1998.

_____. *Comentários aos enunciados do TST*. 4. ed. São Paulo: Ed. RT, 1997.

_____. *O processo na Justiça do Trabalho*. São Paulo: LTr, 2008.

_____. *A prova no processo do trabalho*. São Paulo: Ed. RT, 2007.

_____. *Manual de audiências trabalhistas*. 5. ed. São Paulo: Ed. RT, 2005.

_____. *Manual da revelia*. São Paulo: Ed. RT, 2002.

PINTO, José Augusto Rodrigues. *Execução trabalhista*. 4. ed. São Paulo: LTr, 1991.

_____. *Recursos nos dissídios do trabalho*. 3. ed. Rio de Janeiro: Forense, 1993.

RENAULT, Luiz Otávio Linhares; VIANA, Márcio Túlio. *O que há de novo processo do trabalho*. São Paulo: LTr, 1997.

ROMAR, Carla Teresa Martins. *Direito processual do trabalho*. 4. ed. São Paulo: Atlas, 2008.

SCHIAVI, Mauro. *Execução no processo do trabalho*. São Paulo: LTr, 2008.

SOUZA, Ronald Amorim e. *Apontamentos de processo do trabalho*. Salvador: Contraste, 1995.

TEIXEIRA FILHO, Manuel Antônio. *A prova no processo do trabalho*. 5. ed. São Paulo: Ltr, 1989.

_____. *Curso de processo do trabalho: perguntas e respostas*. São Paulo: LTr, 1997.

_____. *Execução no processo do trabalho*. 4. ed. São Paulo: LTr, 1994.

_____. *O procedimento sumaríssimo no processo do trabalho*. São Paulo: LTr, 2000.

_____. *Sistema dos recursos trabalhistas*. 3. ed. São Paulo: LTr, 1989.

ZAINAGHI, Domingos Sávio. *Consolidação das Leis do Trabalho*. São Paulo: LTr, 1998.

_____. *Elementos de direito processual do trabalho*. 3. ed. São Paulo: IOB, 2004.

_____ (coord.). *CLT interpretada – Artigo por artigo, parágrafo por parágrafo*. 4. ed. São Paulo: Manole, 2012.

OUTRAS OBRAS DO AUTOR

Os atletas profissionais de futebol no direito do trabalho. São Paulo: LTr, 1998.

Consolidação das Leis do Trabalho. 2. ed. São Paulo: LTr, 2002.

Curso de direito desportivo. São Paulo: Ícone, 2003 (coautor).

Curso de legislação social. 13. ed. São Paulo: Atlas, 2012.

Direito desportivo. Campinas: Mizuno, 1999 (coautor).

Elementos de direito processual do trabalho. 3. ed. São Paulo: IOB/Thomson, 2004. vol. 1.

A justa causa no direito do trabalho. 2. ed. São Paulo: Malheiros, 2001.

Justa causa para despedida. São Paulo: Carthago & Forte, 1992.

Nova legislação desportiva: aspectos trabalhistas. 2. ed. São Paulo: LTr, 2004.

Novos rumos do direito do trabalho na América Latina. São Paulo: LTr, 2003.

Relações de direito coletivo Brasil-Itália. São Paulo: LTr, 2004.

A solução extrajudicial dos conflitos trabalhistas no Brasil. São Paulo: LTr, 2004.

CLT interpretada – Artigo por artigo, parágrafo por parágrafo. 4. ed. São Paulo: Manole, 2012.

Diagramação eletrônica:
Editora Revista dos Tribunais Ltda., CNPJ 60.501.293/0001-12.
Impressão e encadernação:
Orgrafic Gráfica e Editora Ltda., CNPJ 08.738.805/0001-49.

A.S. L6760-01